U0603509

本书由中国博物馆协会与腾讯基金会"腾博基金"资助

八桂春秋

The Annals of Guangxi

广西壮族自治区博物馆新馆
基本陈列
策展笔记

韦 江 等著

ZHEJIANG UNIVERSITY PRESS
浙江大学出版社
·杭州·

图书在版编目（CIP）数据

八桂春秋：广西壮族自治区博物馆新馆基本陈列策

展笔记 / 韦江等著 . -- 杭州：浙江大学出版社，2024.

11. --（中国博物馆陈列展览精品·策展笔记）.

ISBN 978-7-308-25225-6

Ⅰ. G269.276.7

中国国家版本馆 CIP 数据核字第 2024W3E594 号

八桂春秋

广西壮族自治区博物馆新馆基本陈列策展笔记

韦 江 等著

出 品 人	褚超孚
策划编辑	张 琛 陈佩钰 吴伟伟
责任编辑	陈佩钰
文字编辑	蔡一茗
责任校对	赵 珏
美术编辑	程 晨
出版发行	浙江大学出版社
	（杭州市天目山路148号 邮政编码：310007）
	（网址：http://www.zjupress.com）
排 版	浙江大千时代文化传媒有限公司
印 刷	杭州捷派印务有限公司
开 本	710mm×1000mm 1/16
印 张	16
字 数	218千
版 印 次	2024年11月第1版 2024年11月第1次印刷
书 号	ISBN 978-7-308-25225-6
定 价	88.00元

总　序

在社会主义文化强国建设的进程中，博物馆扮演着中华文明优秀成果守护者、传承者与传播者的重要角色。作为博物馆教育与传播的核心媒介，陈列展览成为博物馆守护文化遗产、传承中华文明、讲好中国故事的关键工作。好的陈列展览离不开好的策展工作。策展是构建陈列展览的过程，是通过逻辑和观念的表达，阐释文物藏品的多元价值，构建公众与遗产之间的对话空间，激发广泛社会价值与文化价值的思维和组织活动。博物馆策展的理论与实践水平，很大程度决定了陈列展览的思想境界、文化内涵、艺术品位与传播影响。因此，博物馆策展的学术研究和业务能力建设是提高博物馆陈列展览工作业务水平和影响效果的重要途径；某种意义上，也是促进我国博物馆事业高质量发展的关键所在。

"中国博物馆陈列展览精品·策展笔记"丛书的出版，正是源于对上述问题的思考。作为我国博物馆行业发展的协调者与促进者，中国博物馆协会长期致力于博物馆展陈质量建设和策展能力提升。在持续不断的摸索和实践中，许多博物馆同仁建议我们依托"全国博物馆十大陈列展览精品推介活动"，围绕一批业内公认的具有较大影响力与鲜明特色的获奖展览项目，邀请策展团队，形成有关策展过程和方法的出版物。在不断的讨论中，我们逐渐明确：这种基于展览策划的出版物，显然不同于博物馆中常见的对于展览内容及重点文物介绍的"展览图录"，而更适合被称为"策展笔记"。

所谓"策展笔记"，一方面，要聚焦"策展"的行动内容，也就是要透过展览看幕后，核心内容是展览从无到有的建设过程，尤其要重点讲述展览选题、前期研究、团队组建、框架构思、展品组织、形式设定、艺术表达、布展制作等当代博物馆展览策划的核心流程及相关体会。另一方面，要突出"笔记"的内涵风格。如果与记录考古工作的过程、方法与认识的"考古报告"相类比的话，"策展笔记"则是对陈列展览的策展过程、方法与认识的重点记录。与此同时，作为与"随笔""札记"等相似的"笔记"文体，也应带有比较强烈的主观性、灵活性和较高的自由度，宜以第一人称的口吻展开，重在呈现策展的心路历程与思考感悟，而不苛求内容体系的完整性与系统性；重在提炼策展的经验、理念、亮点，讲好值得分享的策展专业理论、专业精神、专业态度和专业手法等。我们相信，这样的"策展笔记"，不但可以作为文博行业了解我国文博系统优秀展览的"资料工具书"，也可以作为展陈从业者策展创新借鉴的"实践参考书"，还可以作为普通大众的"观展指南书"，帮助他们了解博物馆幕后工作，更好领略博物馆展陈之美。

丛书第一辑收集了 2019—2021 年度全国博物馆十大陈列展览精品推介的代表性获奖项目，覆盖全国不同地域，涵盖考古、历史、革命纪念等不同类型。由于缺乏经验借鉴，加之展览类型的多元性、编写人员构成的差异性等，在撰稿与统稿过程中，我们遇到了远超预期的挑战。这些挑战包括但不限于：如何平衡丛书的整体风格与单册图书的个体特色；如何兼顾写作内容的专业性特质与写作表达的大众性要求；如何将策展实践中的"现象描述"转化为策展理念的"机制提炼"，充分体现策展的创新点和价值点；如何实现从"报告思维"向"叙事思维"的转型，生动讲述策展的动人细节；如何在分析个案内容的同时对行业的普遍性、典型问题进行有效回应，发挥好优秀展览的示范作用；如何解决多人撰写所产生的文风不统一问题，提高统稿工作的质量和效率；等等。幸运的是，在各馆撰稿团队的积极配合下，在专家的有力指导下，我们通过设定指导性原则、确定写作指南、优化统稿与编审机制等途径，一定程度克服了上述挑战难题，基本完成了预期目标。

　　这套丛书的问世，离不开撰稿人、专家和编辑的辛勤劳动。我们衷心感谢北京鲁迅博物馆（北京新文化运动纪念馆）、中国人民革命军事博物馆、山西博物院、吴中博物馆、扬州中国大运河博物馆、杭州市萧山跨湖桥遗址博物馆、山东博物馆、湖北省博物馆、盘龙城遗址博物院、成都武侯祠博物馆、陕西历史博物馆、秦始皇帝陵博物院、和田地区博物馆等博物馆策展团队撰稿人的精彩文本。同时，我们衷心感谢南京博物院理事长、名誉院长龚良，复旦大学文物与博物馆学系主任陆建松，浙江大学艺术与考古学院教授严建强，北京大学考古文博学院教授宋向光，上海大学现代城市展陈设计研究院执行院长李黎，西安国家版本馆（中国国家版本馆西安分馆）副馆长董理，清华大学美术学院副教授李德庚等多位学者、专家的认真审读与宝贵的修改建议。感谢浙江大学出版社董事长、党委书记、总编辑褚超孚，以及社科出版中心编辑团队的细致审校和精心编辑，他们的工作为丛书的顺利出版提供了坚实的保障。浙江大学艺术与考古学院"百人计划"研究员毛若寒博士在这套丛书的方案策划、组织联络、出版推进等方面，用力尤勤，付出良多。此外，还有许多在本丛书筹划、编辑、出版过程中给予帮助的专家、老师，无法一一列举，在此谨对以上所有人员致以最真挚的感谢和敬意。

　　严建强教授在一次咨询会上曾对这套丛书给过一个很高的评价，认为它是当代博物馆专业化建设的一个重要的里程碑。对于这个赞誉，我们其实是有点愧不敢当的。我们很清楚，丛书第一辑的整体质量还有待提升，离"里程碑"的高度存在一定差距。但通过第一辑的编辑出版，我们为接下来的第二辑、第三辑的编写积累了经验、增强了信心。今后，我们会继续紧扣"策展笔记"作为"资料工具书""实践参考书"与"观展指南书"的核心功能定位，继续深化对于博物馆展览策展笔记的属性、目标、功能、内涵、形式等方面的认知，努力通过策展笔记的编写，带动全行业策展工作专业水平的整体提升。这虽然是一件具体的事情，但对构建博物馆传承与展示中华文化的策展理论体系和实践创新体系，推动博物馆守护好、展示好、传承好中华文明优秀成果，为博物馆事业的高质量发展、为建设社会主义文化强国不断做出新贡献，是很有积极意义的。我们相信，有全国博物馆工作者的积极参与，我们一定能把这套丛书做得更好，做成中国博物馆领域的著名品牌。

是为序。

刘曙光

中国博物馆协会理事长

2023 年 8 月

第二辑赘言

自"中国博物馆陈列展览精品·策展笔记"第一辑问世以来，我听到了文博业界及学术圈同仁们不少的夸奖。一些博物馆展陈从业人员自发撰写评论，从实操与理论等层面解读策展理念，提炼专业经验。浙江大学、陕西师范大学等高校将其纳入教学过程，作为培育新一代策展人的学习资料，凸显了"策展笔记"的教育价值。微信读书以及各类新媒体平台的留言体现出"策展笔记"已成为广大观众理解博物馆策展艺术、深化观展体验的"新窗口"，拉近了公众与博物馆文化的距离。不少读者热情高涨，纷纷点赞并留下评论，将之视为"观展宝典"。

读者的肯定，是我们编辑出版"策展笔记"的最大动力。在2023年11月第一辑刚发行之时，第二辑也进入了紧锣密鼓的撰写阶段。基于前期积累，第二辑在保持原有特色的同时，力求策展写作内容深度与广度的双提升，旨在展现中国博物馆策展实践的多元视角与前沿动态。

江西省博物馆的"寻·虎——小鸟虎儿童主题展"，作为"策展笔记"第一例儿童主题展览，深刻揭示了策展人对儿童心理与行为特征的敏锐洞察，彰显了博物馆对儿童受众的关怀与重视，映衬出博物馆服务理念的革新与拓展。上海天文馆的"连接人和宇宙"基本陈列作为自然科学类展览在丛书中首次呈现，极大地丰富了"策展笔记"的题材与内涵。广东省博物馆的"焦点：18—19世纪中西方视觉艺术的调适"，是粤港澳大湾区首屈一指的外销画专题展览，荣获"十大精品推介"之"国际及港澳台合作奖"，反映出中国博物馆策展的国际视野，亦是出入境展览在"策展笔记"中的初次亮相。值得一提的是，我们特别收录了虽未参与"十大精品推介"但承载着深厚文化内涵与当代价值、在故宫博物院举办的"何以中国"展览。我们认为，独特的时代性、典型性与代表性，使其成为不可多得的策展典范；我们坚信，其策展智慧值得广泛传播与深入探讨。

在"导览"篇章，"策展笔记"第二辑更加注重构建"策展人导览观展"的沉浸式氛围。例如，上海天文馆的策展笔记立足科普导游与创意巧思，构建出令人心驰神往的宇宙奇景，极大提升了读者的参与感与体验度。"策展"篇章的解析深度与广度也有所提升，体现出更加强烈的问题意识，在撰写个案的同时探讨普遍性议题。如"何以中国"的策展笔记首次提出了"展览观"的命题，深入剖析展览背后的策展理念与文化价值，启发策展人对展览本质的再思考。同时，第二辑还加大了对展览"二次研究"和"学理解析"的力度，对策展相关的"叙事""阐释""符号"等现象进行了学理上的深入探究，将理论成果融入策展实践，进一步提升了展览的学术性和专业度。

技术细节的呈现成为"策展笔记"第二辑的另一大亮点。如对陕西考古博物馆的"考古圣地华章陕西"主展标设计过程的全揭秘，不仅展现了策展团队的匠心独运，也让读者对展览背后的专业技术支撑有了更直观的认识。

最后，第二辑在观展与策展之间建立了更紧密的联系。在"观展"篇章，不少书稿引入观众报告，让策展工作更贴近观众需求，提升了展览的互动性与社会影响力，折射出了策展与观众的双向赋能。

"策展笔记"第二辑依然集结了一支由撰稿人、专家与编辑组成的优秀团队。在此，我们向故宫博物院、辽宁省博物馆、上海天文馆、苏州博物馆、浙江省博物馆、杭州市临平博物馆、江西省博物馆、郑州商代都城遗址博物院、广东省博物馆、中山市博物馆、广西壮族自治区博物馆、四川博物院、陕西考古博物馆等多家博物馆的策展团队贡献的精彩文本表示由衷感谢。同时，还要继续感谢南京博物院理事长、名誉院长龚良，复旦大学文物与博物馆学系主任陆建松，浙江大学艺术与考古学院教授严建强，北京大学考古文博学院教授宋向光，上海大学现代城市展陈设计研究院执行院长李黎，西安国家版本馆副馆长董理，清华大学科学博物馆（筹）高级顾问杨玲等专家学者，他们的专业审读和中肯建议对提升"策展笔记"内容质量起到了关键作用。我们还要向浙江大学出版社董事长、党委书记、总编辑褚超孚，副总经理张琛，社科出版中心编辑团队及所有参与的工作人员致敬，他们一丝不苟的工作态度与精益求精的专业精神，确保了"策展笔记"第二辑的高质量出版。我还要特别鸣谢今天在浙江大学艺术与考古学院任"百人计划"研究员的毛若寒博士。作为执行主编，他不仅协助我延续并深化了策展笔记的体例，更以其富有朝气的学术洞察力推动了丛书品质的进一步提升。此外，还有许多未被逐一提及的专家和同仁，他们的辛勤工作和专业精神对整个编撰项目至关重要，我对他们表示由衷的感谢和敬意。

"策展笔记"如同一扇开启多元视野的窗，亦如聚焦万象的镜头，第二辑尤为如此。它不仅展现了中国博物馆展览生态的丰富多样，更深刻揭示了策展实践背后的创新思维与理论深度。从第一辑至第二辑，这套丛书见证了中国博物馆策展领域的进步，每一页笔记都凝结着策展人对新时代博物馆的角色与功能的深邃思考。这一历程不仅是策展理念革新的实录，亦是中国博物馆人敢于探索、勇于创新精神的鲜活体现。展望未来，我们将秉持"讲好中国故事"的初心，以"策展笔记"为桥梁，不断深化对新时代博物馆使命的理解与实践，致力于通过精品展览传承中华优秀传统文化，弘扬革命文化，发展社会主义先进文化，为建设社会主义文化强国、推进中国式现代化贡献博物馆的力量。

刘曙光

2024 年 8 月

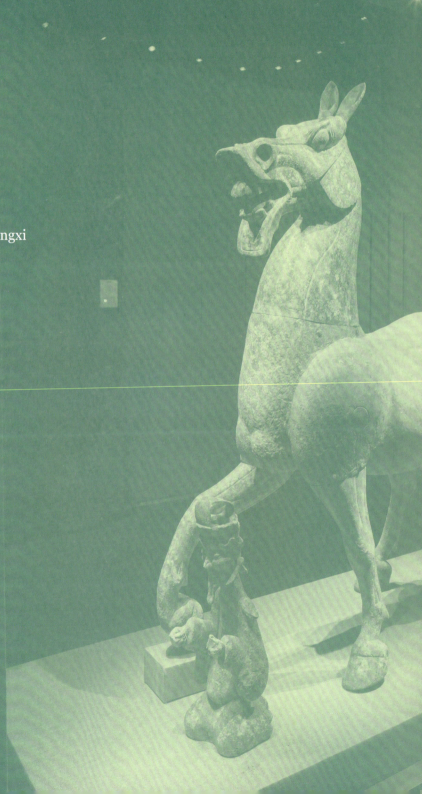

八桂春秋

The Annals of Guangxi

引 言

守正创新：为铸牢中华民族共同体意识夯实历史根基

广西壮族自治区博物馆（简称广西博物馆）成立于 1934 年，是一座历史悠久的省（市、自治区）级历史、艺术类博物馆，入选首批全国一级博物馆。

2018 年，自治区党委、政府决定对广西博物馆陈列大楼进行改扩建，历经四年艰苦奋斗，2022 年 11 月 28 日，新馆落成并正式对公众开放。

广西博物馆改扩建秉持"内外结合、动静相辅，有声有色、有滋有味"的办馆特色，最大限度保留了陈列大楼的原有风貌，成功打造了"1+7+4+N"的展陈体系，馆苑结合，建成了国家 4A 级旅游景区。

新馆的"广西古代文明陈列"和"合浦启航——广西汉代海上丝绸之路"是两个最能体现广西历史文化特色的基本陈列。前者展示广西古代文明的演变进程，彰显广西在中华民族多元一体格局中的重要作用；后者是前者的深化与拓展，讲述广西在汉代海上丝绸之路中的独特地位。两者共同阐释广西古代文明"悠久、多元、融合、开放、同心"的特点。两个陈列亮点、创新点鲜明，影响力显著，为增强文化自信、铸牢中华民族共同体意识和构建更为紧密的中国－东盟命运共同体作出了重要贡献。

一、建设新时代高质量、高水平的博物馆及展览

在近 90 年风雨历程中，广西博物馆的成长经受了不同时代、不同境遇的考验。进入新的历史时期，博物馆迎来了前所未有的机遇和挑战。与时俱进，建设更高质量、更高水平的博物馆及展览，是我们对机遇和挑战的直接回应。

（一）回首艰辛岁月

1933 年，正值全国经济、文化、教育复苏发展，全国出现第一次博物馆建设浪潮，时任广西省政府委员兼教育厅厅长李任仁先生（新中国成立后任广西省人民政府副主席）为繁荣广西文化教育事业，保护弘扬民族文化，向省政府提议在首府南宁筹建广西省立博物馆，以"广集物品，博采珍奇，荟萃一堂，以资国民观赏。广西文化，向称落后，本省当局，励精图治，急起直追"。基于这个目的，1933 年 8 月 2 日，广西省政府第 79 次常委会通过了《广西省立博物馆办法大纲》。9 月 15 日，正式成立广西省立博物馆筹备处，筹备经费是 1 万元。历经 10 个月的努力，1934 年 7 月 1 日，广西省立博物馆宣布正式成立。刚成立时，全馆有正式职工 13 人、陈列室 13 间、标本储藏室 1 间，年运营经费 1.7 万元。成立一年后，经全馆职工的努力，从省内及北京、上海、广州等地征集了一批文物，馆内藏品达到 2 万多件。

1937 年，日本发动全面侵华战争。1939 年 11 月 24 日，南宁市沦陷，日寇肆意烧杀抢掠。为了确保文物安全，博物馆全体职工奉命护送文物向桂西地区疏散，重要文物标本转移至田东县，珍贵文物则秘藏于德保县山区的岩洞中。1940 年 11 月，南宁光复，博物馆奉命迁到桂林。秘藏于桂西岩洞的文物被启封运送到田东，在田

东县装船走水路，从右江经南宁下西江至梧州市再转桂江后，入漓江运到桂林市。但抵达桂林后，桂林战事仍未结束，敌机轰炸不断，文物又被藏至桂林七星岩洞内。1944 年 6 月，日军侵犯湘北，湖南长沙、衡阳相继失守。为确保在桂林的文物安全，博物馆职工再次将重要文物从桂林转移至平乐县。在平乐医院安置不久后，战局愈发紧张。当年 9 月，护送队被迫从平乐转移至贺县，文物被安置在贺县一所中心学校内。彼时，由于战争局势极为紧张，博物馆护送队与省政府失去联系，没有经费和公粮，工作人员生活十分困难。在极为艰苦的情况下，经多方联系救济，最终得到第一区行政督察专员公署的 3 万元救济款。解决了生活困难后，博物馆在救济款中挤出经费，在贺县八步镇（今贺州市八步区）举办了一次古代文物巡回展。没想到在战火纷飞、动荡不安的时局下，这场展览竟然吸引了上万名参观者，并且获得了较好的评价。

抗战胜利后，1946 年 3 月，广西省立博物馆奉命迁回桂林，在桂林王城内办公。到 1948 年 1 月，其间博物馆共举办了三场展览，观众达 20 余万人次。

1949 年 12 月 11 日，广西战役胜利。此后，广西迎来全境解放，文博事业也因此得到复苏。广西文物馆筹备处成立。文物馆筹备处的工作人员分赴全省各地进行文物征集和保护工作，为今馆藏及展品奠定了基础。1952 年，为向广大干部群众宣传历史唯物主义和进行爱国主义教育，博物馆举办了"广西民族文物展览"，这也是广西解放后举办的第一场大型文物展览，观众达 2 万余人次。1953 年，为庆祝桂西僮族自治区成立，博物馆举办了"广西民族文物图片展"，观众达 9 万余人次。

1954 年 3 月，博物馆工作人员再一次护送文物，从桂林搬迁至南宁，馆舍位于南宁市经文街南一里五号，建筑面积仅有 107.5 平方米。随着考古出土文物及征集文物的不断增多，南一里五号场馆已不能满足收藏和展示的空间需求。

1955 年，经省人民政府研究决定，在南宁市人民公园内建广西省博物馆大楼。一年后，大楼竣工。新的展厅面积约为 2000 平方米，开放了历史和自然两个陈列，年接待观众量达 29 余万人次。

1958 年 3 月，随着广西僮族自治区成立（1965 年，"广西僮族自治区"改名为"广西壮族自治区"），广西省立博物馆更名为广西僮族自治区博物馆。此后，博物馆开展了大量文物考古调查和发掘工作。1960 年，根据自治区文化局的安排，博物馆与展览馆合并，广西僮族自治区博物馆从人民公园内搬到展览馆。1961—1977 年，广西僮族自治区博物馆克服困难，举办"太平天国革命历史陈列""捐献文物展""广西古代铜鼓展""文物考古新发现"等展览，既满足了观众的文化需求，也打下了研究基础，积累了办展经验。

1977 年，为迎接自治区成立 20 周年，广西壮族自治区人民政府决定拨专款在南宁市民族广场新建博物馆大楼。1978 年，博物馆大楼竣工落成，建筑面积达 1 万多平方米，设置四个陈列展厅，开放了"广西历史文物陈列""广西革命文物陈列""太平天国在广西历史文物陈列""广西古代铜鼓"四个专题陈列。这一展陈条件和水平在当时那个年代处于全国领先。此后，广西博物馆进入快速发展时期，不仅考古发掘和征集文物不断增多，在古人类研究、史前研究、铜鼓研究、花山岩画研究、岩洞葬研究等各个领域也取得了重要进展，陈列展览和宣传教育等方面也有了很大进步。

（二）立足当下，思远谋新

进入 21 世纪后，随着社会、经济发展水平的不断提高，观众对美好生活的需要越来越多地表现在对精神文化的需求上。尽管我们有四个专题陈列，还利用临时展厅举办了不少临时展览，但仍然难以满足观众的观展需求。由于展厅面积和展线有限，很多文物只能长期存放于库房无法展出。展陈内容和展示手段也很难进行较大的更新和提升。作为广西文博界的龙头馆，几十年来，囿于这些情况，我们也一

图1-1　改扩建前的广西博物馆

直很遗憾没有办法举办一个能够较为全面、系统反映广西历史发展进程的通史陈列。此外，经过近 40 年的投入使用，建于 1978 年的陈列大楼（图1-1），在安全性、外貌美观性和空间利用上，都已存在一些不足，亟须进行加固、维护及更新。为提升公共服务能力，跟上时代发展步伐，2010 年，我们开始筹划进行改扩建工作。

事实上，在此前后，面对新时代、新形势和新发展要求，我们也一直在思考，广西人应该建设一座什么样的广西博物馆。回望过去 80 余年走过的道路，尤其是战争时期的艰难岁月，我们无比佩服老一辈博物馆人的坚持、努力和付出，他们用生命护卫文物安全。我们也倍加珍惜和爱护那些历经岁月、战火、动乱，辗转保存下来的文物和标本。收藏好、保护好、研究好、利用好这些文物，是我们新一代博物馆人义不容辞的责任。

图1-2　2019年1月18日举行改扩建项目奠基仪式

　　综观近年来全国各博物馆新馆的建设，不少场馆进行异地置换，建设规模宏大，场馆空间、面貌发生了大变样，但一些博物馆也存在远离市区、远离居民生活区、公共交通不便等客观不足。因此，在广西博物馆新馆的建设选址上，我们坚持在原址民族大道的基础上进行改扩建。这里地处南宁市的中心区域，交通便利，地铁主干线一号线直达，可以说是目前国内距离地铁口最近的博物馆之一。博物馆与自治区人民大会堂、民族广场、科技馆、图书馆、民族宫等共同构成一个大型文化圈，周边还有林立的居民住宅区、大型商业区，以及充满老南宁记忆和老南宁"味道"的中山路、三街两巷、水街等历史文化街区。博物馆处在这样的政治、经济、文化及社区中心，能够最大限度地满足广大公众的参观需求。

　　2019年1月18日，广西博物馆改扩建项目举行了奠基仪式（图1-2）。在建设过程中，对于旧有的老陈列大楼，我们也尽可能地保留原有的建筑格局，守住好的

图1-3　改扩建后的广西博物馆（上）
图1-4　改扩建后的广西博物馆夜景（下）

传统，再创新求变。这栋于 1978 年建成的三层建筑，是当时民族大道上的第一栋楼，模仿了广西传统干栏式建筑的构造，外立面是刀片式结构和壮锦元素暗刻浮雕，极具广西特色，是老南宁的地标建筑之一。因此，我们在旧建筑的基础上进行同类扩建，使新旧建筑巧妙地融为一体，既有传统韵味，又有新的时代气息，牢牢守住广西文化地标的重要地位，在涵养城市文化底蕴，传承优秀传统文化、红色革命文化、民族文化等方面充当重要角色（图 1-3、图 1-4）。

近年来，党和国家反复强调"让文物真正活起来，成为加强社会主义精神文明建设的深厚滋养，成为扩大中华文化国际影响力的重要名片"。这也是我们建馆办展的方向指南。

总的来说，新馆展陈体系建设，尤其是基本陈列"广西古代文明陈列"和"合浦启航——广西汉代海上丝绸之路"的推出，有以下几方面的原因。

一是我们期待广西博物馆可以让参观者感受到一种莫名的力量——历史的冲击、文化的震撼、智慧的感染。做到既有助于本地观众从中获得文化自信，也有助于外地游客正确地认识广西，了解广西悠久灿烂的历史文化。

二是我们希望能从中华民族多元一体的视角出发，消化吸收中华文明探源工程及海上丝绸之路文化最新考古发现和学术研究成果，以有形、有感、有效的博物馆方式助推广西铸牢中华民族共同体意识示范区的建设。

三是我们希望能够借助博物馆平台，发挥广西面向东盟的前沿和窗口作用，打造面向东盟的区域国际化博物馆，使其成为学术研究和文化交流的国际化平台，为构建更加紧密的中国 - 东盟命运共同体作出贡献。

四是我们希望通过打造具有广西特色、广西风格、广西气派的高质量、高水平的博物馆展览及配套建设，提升公共服务水平，更好地发挥广西博物馆在区内乃至全国的带头示范作用，引领更高水平展览的不断涌现。不断推动中华优秀传统文化创造性转化、创新性发展，铸就中华文化的新辉煌，建设社会主义文化强国。

二、打造具有广西特色的展览大IP和网红打卡地

　　在新馆展陈体系的构建中，我们立足于馆藏文物资源，统筹全区文物精品，精心打造并隆重推出首批七个陈列展览，包括"广西古代文明陈列""合浦启航——广西汉代海上丝绸之路""釉彩斑斓——馆藏瓷器陈列""匠心器韵——馆藏工艺珍品陈列"四个常设展，以及"我们这十年——新时代广西文化旅游发展成就图片展""三秦华章　光耀四方——陕西周秦汉唐文物精华展""南方诗意——广西油画风景精品邀请展"三个临时展，实现了由"基本陈列＋专题陈列＋特别展览"构成的新馆展陈体系。相较于改扩建前，这一结构更加完善，内容更加丰富，形式更加多样。

　　其中的"广西古代文明陈列"和"合浦启航——广西汉代海上丝绸之路"着重展现广西古代历史文化面貌及特点、特色。"广西古代文明陈列"是广西博物馆体量最大的陈列，也是第一个全面展示广西古代文明的通史类陈列。陈列充分吸收、运用中华文明探源工程的学术研究成果，紧握"铸牢中华民族共同体意识"这一主线，以时间为经、文化为纬，通过"文明曙光""瓯风骆韵""多元一体""经略有方""边疆巩固"五个部分，生动展现源远流长、波澜壮阔的广西古代文明进程。

　　"合浦启航——广西汉代海上丝绸之路"是"广西古代文明陈列"中秦汉大一统时期广西社会繁荣发展部分的深化与拓展，也是国内首个以汉代海上丝绸之路为主题的常设展览。陈列以汉代广西北部湾地区的"外通内联"为主线，分物质与文化两个层面，通过"跨洋过海""兼容并蓄""江海相连"三个部分，围绕"海上丝路，合浦始发"的学术观点，展示汉代广西海上丝绸之路的贸易盛况及伴随出现的产业经济、技术传播与文化交流。

在这两个陈列展览的策划和设计、实施中，我们对标对表，学习历年全国博物馆十大陈列展览精品的经验和做法，结合实际，扬长避短，突出特色，从以下几个方面进行努力。

（一）在内容设计方面

一是紧扣展览的主题。在理念上，以"铸牢中华民族共同体意识"的思想贯穿展览全过程；在展品的遴选上，选择具有文化融合特点的代表性文物来讲述中华民族共同体的故事；在展览文字的表述上，既表达因自然环境和生产方式不同而产生的文化上的鲜明个性和地域特色，也表现历史发展进程中各民族文化的相互影响、交流互鉴和共同发展，既主要讲述文化的"一体性"，也生动描绘文化的"多元性"。

二是确保展览的思想性、科学性、学术性。集思广益、多轮论证，组织召开多次线上、线下专家咨询会、论证会，超过 60 位区内外专家对展览的内容设计方案进行审核；注重突出最新的学术成果和考古新发现，如娅怀洞遗址的考古发现，花山岩画的最新考古研究，贵城遗址、庭城遗址、越州故城遗址的最新发掘研究，等等。

三是采用多线并举的方式进行叙述。由于展览的时间线长达 80 余万年，且主题宏大，文物种类丰富、数量众多，为确保条理清晰，"广西古代文明陈列"延续了通史陈列线性叙述模式，但也在此基础上，采取多线并举方式延伸拓展展览内容，使展览的表现更为复合、立体。展览以时间线为主线，故事线为副线；在内容叙事上，则以经济社会发展线为主，辅以文化交往交流交融线。同时，还将"合浦启航——广西汉代海上丝绸之路"作为"广西古代文明陈列"秦汉部分广西社会繁荣发展这一内容的深化与拓展。

（二）在形式设计方面

一是突出地域的元素和特色。陈列的形式设计大量运用了广西铜鼓的纹饰、花山岩画的图像、壮锦的纹饰、广西自然山水的造型、海洋的颜色、波浪的起伏形状等，突出本地特色。

二是突出展览的观赏性和艺术性。以科技类辅助展品为主，艺术性辅助展品为辅，实现辅助展品对陈列主题的最佳解读，将展览内容更加直观生动地传递给观众。如在序厅通过艺术装置结合大型 LED 弧幕影像，动静结合地表现广西古代文明的重中之重；对镇馆之宝——翔鹭纹铜鼓的展示则通过向心性的空间形态、核心装饰元素的提炼，配合环幕投影的科技手段，综合加以呈现。

三是突出展览的参与性和趣味性。在沉浸式剧场"花山岩画"中，除了观看三维岩画图像，观众还可以通过触摸屏亲手绘制不同类型的岩画图像，进行分享和互动。在"徐霞客游广西"展项中，观众可通过屏幕了解徐霞客在广西游历的路线，还可以点击屏幕，重走徐霞客游历广西之旅，了解沿途不同的自然、人文景观，以及徐霞客所写下的日记。"合浦启航"的展厅内还设置了"文物放大镜""玻璃制作工艺流程""珠饰搭配"等可互动的多媒体内容。

（三）在展览的延伸展示方面

一是以"儿童考古探秘馆"为儿童观众提供观展启蒙，让低龄儿童观众也看得懂历史展览，真正实现博物馆为全龄段观众服务的理念。该场馆的建设以"广西古代文明陈列"的时间线、故事线和重点内容为基础，儿童观众在儿童馆参观、体验后，教育人员再带着他们到古代文明陈列展厅，观看更加真实的文物，这样有助于强化孩子们的认知，培育和增强他们的文化自信。

　　二是创作排演《梦见瓯骆》多媒体舞台剧。该剧以主角壮壮的"梦境"为线索，在奇幻旅程中讲述广西历史故事。"石铲祈丰年""翩跹舞山间""鼓乐震八桂""启航丝路梦"四个篇章分别对应"广西古代文明陈列"和"合浦启航——广西汉代海上丝绸之路"中的展示重点：大石铲文化、花山岩画、铜鼓文化、海丝文化。使用纱幕全息投影、人屏互动、3D Mapping、虚拟现实等多种技术手段，使真人舞蹈、歌曲、器乐演奏和多种影像融为一体，使展览内容在艺术表演中得到再现与升华。

　　三是以展览及所展出的文物为内容载体，设计了"瓯骆人的智慧锦囊"系列课程，从衣食住行到技艺美学，从海丝贸易到文化融合，充分挖掘展览内涵，着重凸显地域特色，构建完善研学体系，帮助提升参与者对广西博物馆展览的认知与感悟。

　　四是结合室内"徐霞客游广西"的展项，在室外打造了徐霞客文化广场，展示了广西各民族的传统建筑、非遗美食、服饰和舞蹈等项目，呼应展览中古人的衣食住行、精神生活等内容。从古到今，从历史走向现实，让观众沉浸式地感受广西历史文化。突出了广西博物馆"内外结合、动静相辅，有声有色、有滋有味"的办馆特色。

三、勇于探索，突破创新，充分发挥"博物馆的力量"

　　历经十余年的艰辛谋划和积极申报、四年多的紧张筹备、一年的奔跑冲刺，广西博物馆人为新馆改扩建项目的立项、实施、落成和最终向公众展现付出了大量心血和汗水，大家共同努力，攻坚克难，勇担重任，全力投入，不仅确保了新馆顺利开放，也使我们的陈列展览实现了预期的效果和目标，做到了如下几点。

（一）实现了"三个突破"

一是突破了先财评后招标时间紧的难题。面对新情况、新要求，我们集思广益，共同努力，攻坚克难，实现了既定目标，确保了如期开馆。

二是突破了经费的限制。在每平方米预算不足 8000 元、展厅全毛坯的情况下，我们精打细算，用上了绿色环保的材料，安全、高效、节能的设施设备，做出了令人耳目一新的重点展项，保证了展览的质量。

三是突破了受众面的局限。实现了为全龄段观众服务的目标。建设"儿童考古探秘馆"，为低龄儿童提供观展启蒙；为青少年设计"瓯骆人的智慧锦囊"系列课程；创作、排演《梦见瓯骆》多媒体舞台剧，举办"瓯骆讲堂"海丝主题系列讲座。最特别的是，我们还编写了文物儿童歌谣，编入广西幼儿教材。

（二）表现出了"九个特点"

1.最坚决地落实总书记的指示精神

2017 年 4 月，习近平总书记到广西考察调研时指出：博物馆建设不能"千馆一面"，不要追求形式上的大而全，展出的内容要突出特色。[1]2021 年 4 月，习近平总书记再次来到广西视察并指出：广西是全国民族团结进步示范区，要继续发挥好示范带动作用。[2]广西博物馆牢记总书记的殷殷嘱托，并将总书记的指示精神坚决贯彻、落实到新馆陈列展览的策划、实施全过程。

2.最充分地吸收考古新发现和学术研究新成果

政治站位高，展览定位新。从中华民族多元一体的视角，消化吸收中华文明探源工程及海上丝绸之路文化最新考古发现和学术研究成果，内容体系完整、展品具有特色，实现学术性和普及性的结合与统一。

3.最系统地展现广西古代文明的特点、特色

打造了建馆近 90 年来的第一个通史陈列，也是第一个全面展示广西古代文明的基本陈列。突破传统通史陈列单一线性描述，做到点、线、面深度扩展。提炼通史内容中"广西汉代海上丝绸之路"单独成展，突出广西海丝文化特色。

4.用最少的经费实现最好的展示效果

在预算较少的情况下，重视形式设计的守正创新，合理规划各展项造价，力保文物安全和良好展示效果。全展展柜使用低反玻璃，使用经济环保材料，多媒体等辅助项目的设置恰到好处。

5.最严格的工艺制作与文保实施

严格遵循国家及行业标准进行展览制作，以高水平、高规格的工艺品质助力展览效果的呈现，以科学化、系统化的文保手段确保文物的安全展示。

6.最活态化的呈现方式

综合运用"文物展品＋知识图谱＋科技类辅助展品＋艺术类辅助展品"等方

式重点打造大石铲、花山岩画、铜鼓、海丝文化等展项。延伸创作、排演《梦见瓯骆》多媒体舞台剧，动静、虚实相结合，提升公众对展览主题思想的理解和体验。

7.最多元的社教服务

广西博物馆新馆基本陈列致力于打造有温度、有深度、有高度、有趣味的体验式博物馆，通过创新"线上＋线下"双线宣传教育模式，为参观者带来沉浸式、参与性强的体验。2022 年入选全国网络人气最高十大"省博"第四位，并长期占据广西壮族自治区文化和旅游厅直属单位新媒体综合传播力指数第一名的位置。

8.最有特色的博物馆公园

秉持"内外结合、动静相辅，有声有色、有滋有味"的办馆理念，与新馆开放同步建成国家 4A 级旅游景区。馆苑结合，观众既可在室内观展体验，也可在室外休闲娱乐，欣赏民族建筑，观看民族风情表演，品味特色美食，让广西博物馆成为一座"夜不打烊、全年无休"的博物馆。

9.最接地气的"朋友圈"

展览建成开放后，馆苑结合的广西博物馆带来的文化品位和地气烟火，吸引了大量本地观众和全国各地的游客前来参观，来自东盟国家的观众数量非常可观。通过打造展览大 IP 和网红打卡地，实现大流量带来大影响力。东盟国家驻南宁总领事馆官员、俄罗斯联邦驻广州总领事馆总领事、美国驻广州总领事馆总领事及非盟领导人等众多海外来宾前来参观展览。

（三）获得了"四个满意"

新馆开放后，受到社会各界的广泛关注和高度好评。获得了：

领导满意。全国政协副主席梁振英、原副主席马飚等党和国家领导人及自治区党委书记刘宁等自治区领导人参观了展览，给予充分肯定。

专家满意。我们邀请了博物馆界、考古领域、历史研究领域及高校的相关专家来对展览进行展前评估，展览内容的科学性、学术性获得了高度肯定。

观众满意。展览开放后，观众留言热情高涨，对展览给予了很高的评价，观众在微博、小红书、微信等自媒体平台上对展览也有许多赞扬。

自己满意。"广西古代文明陈列"与"合浦启航"是广西博物馆多年来、几代人的研究积累和心血，它们的呈现效果符合我们的预期，我们不少已经退休的老馆员看到这两个展览的实现，都很感慨、欣慰。

观众满意、专家满意、领导满意、自己满意，这是我们的愿望。要做到人人满意确实不容易，但这才是一个博物馆最有意义的目标。

中华民族历史悠久，中华文明源远流长，中华文化博大精深，一个博物馆能把人带回到历史现场，跨越时空与历史对话，那种文明的传承、鉴古知今的智慧就是"博物馆的力量"。广西博物馆将以新馆开放为契机，以新展览、新面貌、新气象拥抱时代与未来，继续谱写中国故事的广西篇章。

注　释

〔1〕保护好中华民族精神生生不息的根脉——习近平总书记关于加强历史文化遗产保护重要论述综述. 人民日报, 2022-03-20 (1).

〔2〕解放思想深化改革凝心聚力担当实干　建设新时代中国特色社会主义壮美广西. 人民日报, 2021-04-28 (1).

八桂春秋

The Annals of Guangxi

导　览

双展联动：全面阐释广西古代文明的特点特色

　　"广西古代文明陈列"和"合浦启航——广西汉代海上丝绸之路"是广西壮族自治区博物馆新馆展陈体系中最能体现广西历史文化特色的两个原创性基本陈列。前者展示广西古代文明的演变进程，彰显广西在中华民族大一统格局形成中的重要作用；后者是前者的深化与拓展，讲述广西在古代海上丝绸之路中的独特地位。两者共同阐释广西古代文明"悠久、多元、融合、开放、同心"的特点。

一、悠远瑰丽的八桂史诗："广西古代文明陈列"

　　走进广西博物馆新馆陈列大楼，"广西古代文明陈列"必然是最吸引注意力的展览。这是新馆占地面积最大的展览，展厅氛围古朴庄重，空间色调依据每一部分的内容划分主题色系，再辅以具有地域性、历史性的装饰元素，这为展览构建了不同视觉系统，体现了不同历史时期广西的文化特征。同时，这也是广西第一个以通史体例将上溯80万年前、下至明清两代的广西历史生动呈现的展览，徜徉其中，便可尽览灿烂的广西古代文明。

　　"广西古代文明陈列"作为广西博物馆改扩建展览工程中最重要的基本陈列，正如其名，旨在系统展现源远流长、波澜壮阔的广西古代文明进程。在内容设计上，充分吸收、运用中华文明探源工程的学术研究成果，紧握"铸牢中华民族共同体意识"的主线，以时间和文化为经纬，通过"文明曙光""瓯风骆韵""多元一体""经略有方""边疆巩固"五个部分（图2-1），依次展示史前时期、先秦时期、秦汉三国两晋南北朝时期、隋唐五代两宋时期、元明清时期广西的历史文化、政治经济、对外交往及民族关系等，以多角度、深层次诠释广西古代文明"悠久、多元、融合、开放、同心"的特点，彰显广西在中华民族大一统格局形成中的重要作用。

　　"广西古代文明陈列"作为广西博物馆占地面积最大的展览，展厅总面积约为1764平方米，展线总长约为728米，展出文物988件/套（共3973件），同时加入科技类与艺术类辅助展品，合理运用多媒体影像、光电沙盘、模型、艺术场景、油画、雕塑、地图、知识图版等手段进行综合立体展示。在展览形式上，坚持以文物为核心的形式设计理念，通过空间构造、氛围营造、展项设计的整合，实现对文物展品及陈列主题的最佳呈现与解读，以达到内容主题及艺术形式融合与统一，构建历史感与现代感兼具的展示空间，将展览内容更加直观生动地传递给观众。

　　根据展览的主题定位，展示内容以馆藏考古出土文物为主，突出展品的典型性、代表性、适用性，保证了展览的学术性、知识性和观赏性。展览形式设计忠于内容方案，通过科学的灯光设计，为基础环境、重点文物、展项图版及辅助展品构筑重点突出、层次丰富的照明体系。同时，合理布局艺术场景、多媒体展项与互动体验环节。综合呈现出富有专业性、科学性、艺术性、观赏性、参与性和趣味性的展览效果，为观众讲述好中国故事广西篇章，展示出大一统历史视角下的广西文明发展进程。

　　肇始于80万年前的广西古代文明，历经史前、先秦、秦汉三国两晋南北朝、隋唐五代两宋、元明清几个历史时期的发展，凝结了广西先民的勤劳与智慧，为缔

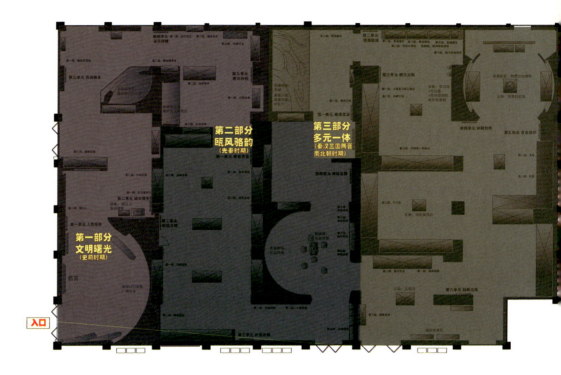

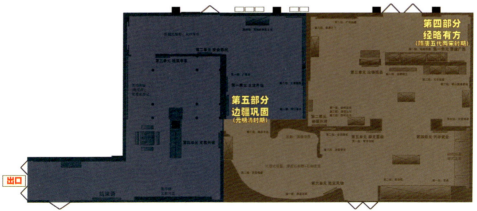

图2-1 "广西古代文明陈列"各部分平面布局

图2-2　"广西古代文明陈列"序厅

造统一的多民族国家做出了卓越贡献。生生不息的广西古代文明是多元一体的中华文明的有机组成部分。

　　"广西古代文明陈列"在叙事线索上延续了通史陈列以时间为主线的单一线性叙述模式，同时也延展出多条支线，实现多线并举共同叙述。展览的整体框架以时间线为主线，故事线为副线；在内容叙事上，则以经济社会发展线为主，辅以文化交往交流交融线。

　　序厅部分是整个展览的起始也是总括，通过提炼了广西历史与文化重点与亮点的视频短片，辅以应用铜鼓、大石铲等文化符号的空间设计，为观众概括式地呈现广西古代文明演进过程，让观众对历史长河中广西古代文明的悠远宏大有初步的视觉印象（图2-2）。

图2-3 第一部分 文明曙光

（一）文明曙光启先声

　　第一部分"文明曙光"，通过"人类远祖""破石谋生""岩洞栖息""采贝捞螺""磨石种稻"五个单元的内容，展示广西史前时期的发展。观众可以在这一展区了解到广西的史前古人类活动遗迹，从打制石器到磨制石器的发展，原始农业、畜牧业和制陶业的出现，从而认识到广西的史前先民如何在这片神奇的土地上创造出灿烂的史前文化，迎来文明的曙光（图2-3）。

　　广西境内发育良好的岩溶洞穴为古人类栖居提供了天然优良场所。广西是我国古人类化石分布最多、材料最为丰富的地区之一，这些古人类开创了广西的史前文明，也预示了广西古代文明曙光的来临。因此我们将"人类远祖"放在了这一部分的开篇，也是整个展览的开篇。目前广西已发现的最早的古人类活动踪迹出现在右江河谷，距今约 80 万年前；约 11 万年前，在左江流域有活跃的木榄山智人；约 5 万至 2 万年前，柳江流域先后出现柳江人和麒麟山人。1 万多年前，古人类的踪迹已遍及广西大部分地区。我们以大幅的地图展示这些星罗棋布的广西古人类化石的发现地点；同时还制作了柳江人的复原雕塑，配合电子触摸屏带领观众探索柳江人之谜，让观众了解柳江人的重要地位与历史意义。

在约 80 万年前的旧石器时代，广西的史前先民就已学会拣选石块，制作出用于敲、砸、刮、割等的打制石器。在"破石谋生"单元，我们展示了在百色盆地发现的距今约 80 万年的旧石器，重点展示了百色手斧。它是东亚地区已发现的年代最早的手斧，证实广西早期人类在 80 万年前就拥有了先进的手斧制造技术。百色手斧的发现和研究从根本上动摇了"莫氏线"理论在国际学术界的统治地位。我们还展示了旧石器时代晚期白莲洞、娅怀洞等遗址出土的细小石器，以体现早期人类石器制作技术的发展进步。在打制石器的基础上，史前先民创造出更为精细、锋利和多样化的磨制石器，因此到了新石器时代。磨制石器的广泛发现使我们所展示的石器类型也更加丰富。从旧石器时代到新石器时代，是生产力水平的发展与进步，这些广泛分布在八桂大地上的石器遗存是广西史前先民智慧结晶的体现。在这些石器的展示方式上，我们也做了新的尝试，将石器展品以展具固定于墙面分类展出，让观众能以平视的角度观看石器的细节（图 2-4）。

史前先民的繁衍生息仰赖于天然的洞穴，我们在"岩洞栖息"单元展示了新石器时代早期广西古人类居住洞穴遗址。广西代表性洞穴文化遗址群主要分布于桂东北和桂中地区，我们展示了其中的代表——甑皮岩遗址和鲤鱼嘴遗址。这些洞穴遗址常见大量螺蚌介壳堆积，出土了石器、蚌器、骨器和夹砂粗陶片等，集中反映了新石器时代早期史前先民的居住习惯及生产方式，特别是甑皮岩第一期文化遗存出土的素面夹砂陶釜残片，也被称为"陶雏器"，在陶器发展史中有重要意义。在这一单元中，我们特别采用"场景＋剪影影像"的方式来展示甑皮岩人的生活，观众

图2-4　磨制石器展示效果

可以以置身洞内观洞外的新奇视角，更有体验感、参与感地了解先民的生活方式。同时，我们还设计了多媒体动画《块茎类农业的产生》，以生动活泼的卡通形象为观众讲述原始农业的萌生。

逐水而居是史前先民的生活方式，丰沛的水源为古人类带来丰富的食谱。新石器时代，广西先民大量食用螺、贝等水生动物，丢弃的螺壳、贝壳在日积月累下堆积成山，形成了今天在广西境内分布广泛的贝丘遗址。"采贝捞螺"单元中，我们展示了以鲤鱼嘴遗址为代表的洞穴贝丘，以亚菩山遗址、杯较山遗址为代表的海滨贝丘，以顶蛳山文化遗址为代表的河岸贝丘三类贝丘遗址，展出的出土器物有蚝蛎啄、骨鱼钩、穿孔蚌网坠、石网坠、骨镞、蚌刀、骨刀、鳖甲刀等。这些遗址集中反映新石器时代广西先民临水而居的饮食习惯和生活方式。设计上，我们沿着展柜铺设了一面螺壳展墙，观众在参观过程中也能通过触摸感受这一极富地域特色的广西史前文化。我们还设置了视频《广西史前葬俗》，通过介绍甑皮岩遗址与顶蛳山遗址发现的二次葬、屈肢葬、肢解葬，让观众在观看过程中了解这一地区独特而多样的丧葬习俗与精神信仰。

在"磨石种稻"单元，我们介绍了广西先民与稻作农业悠久深厚的渊源。广西史前先民以稻为食，距今1.6万年的娅怀洞遗址出土的稻属植硅体说明广西先民很早就开始利用野生稻资源。我们展示了资源晓锦遗址、那坡感驮岩遗址出土的炭化稻谷及相关生产、生活工具，印证5000至4000年前广西稻作文明的产生与发展。在广西南部地区发现了与新石器时代晚期稻作农业紧密相关的大石铲文化，我们通过出土的大石铲实物，配合多媒体场景"隆安大龙潭遗址"，展示大石铲这一广西地区具有代表性的史前文化类型，揭示了当时广西原始农业的出现与发展。农业的出现与发展是史前广西进入文明社会的重要推动力，我们展示了那坡感驮岩遗址出土的炭化稻、炭化粟，以及玉石器、骨牙璋等实物，特别是骨牙璋，明显是受中原地区的牙璋影响而产生的，证明了感驮岩遗址与中原地区密切的文化交流。同时，牙璋作为礼器，是地位的象征，说明此时社会复杂化加剧，阶级产生，人们开始逐步走向文明。

（二）瓯风骆韵交相映

走过史前先民筚路蓝缕、拓荒垦殖的艰辛，我们迎来了青铜时代的朝晖。在第二部分"瓯风骆韵"中，以"兼容并蓄""瓯骆齐辉""壮美岩画""神秘岩葬"四个单元内容展现了先秦时期，居住在今广西境内的西瓯人和骆越人在继承史前文化传统的基础上，积极与周边地区交流互动，创造出了既独具地方特色又体现多元包容特点的地域文化（图2-5）。

先秦时期，在中原及周边地区文明进程的不断加速发展中，广西青铜文化受到

图2-5 第二部分 瓯风骆韵

了中原文化、楚文化及滇文化的影响，出现了具有不同地域文化因素的青铜器。在"兼容并蓄"单元，我们展示了多种文化在广西的交会，武鸣勉岭出土的兽面纹提梁铜卣、兴安出土的"天父乙"铭文铜卣等体现了中原文化的南渐。恭城嘉会春秋墓出土的蟠虺纹铜鼎、平乐银山岭战国墓出土的"江鱼"铭铜戈等揭示了北来的楚文化。田东出土的万家坝型铜鼓、田阳出土的一字格铜短剑等反映了滇文化向东的传播。同时，这些风格各异的青铜器勾勒出先秦时期广西交往交流的足迹。

在"瓯骆齐辉"单元，我们通过对比展示了先秦时期生活在广西境内越人的两个不同支系——西瓯和骆越。西瓯人主要分布在今桂江流域和西江中游一带，在这里出土了不少西瓯人的文化遗存，平乐银山岭战国墓最具代表性。从考古发现和研究来看，西瓯人在埋葬习俗上，流行带腰坑的长方形竖穴土坑墓，随葬品常见各种器形的几何印纹硬陶和越式鼎、扁茎无格剑、各式錾矛、铲形或靴形钺、刮刀、兽首柱形器等青铜器及有角玉玦。骆越人最主要的活动区域在左江、右江、邕江等流域，在这里发现了以武鸣元龙坡西周春秋墓群为代表的骆越人文化遗存，骆越人在埋葬习俗上，流行岩洞葬和不带腰坑的土坑墓，随葬品常见以釜、罐类为主的陶器和铜鼓、羊角钮钟、一字格铜剑、斜刃钺、桃形镞等青铜器，以及各种玉质工具、兵器和石块等。西瓯人和骆越人为我们描绘了广西青铜时代早期的文化面貌。

骆越人在创造了极富地域特色的青铜文化的同时，还在左江花山的陡峭崖壁上留下了壮美的历史画卷。"壮美岩画"单元展示了约公元前5世纪至公元2世纪时，壮族先民骆越人在广西崇左市左江及其支流两岸的崖壁绘制的岩画。这是中国南方乃至亚洲东南部区域内规模最大、图像数量最多、分布最密集的反映祭祀生活的赭红色岩画群，被誉为"世界岩画瑰宝"。2016年7月15日，广西左江花山岩画文化景观成功列入世界遗产名录。这是广西第一项世界文化遗产，也是中国第一处岩画类世界文化遗产。由于展览内容的特殊性，我们在这一单元采用场景复原结合多媒体投影手段，使观众置身光影变幻之中，恍若穿越回到数千年前，有似幻似真的观感与体验（图2-6、图2-7）。

先秦时期的广西流行在悬崖峭壁上的天然洞穴安葬死者的葬俗，这一葬俗被称为岩洞葬，又称崖洞葬。在"神秘岩葬"单元，我们首先以地图形式展示了目前发现的分布于左右江流域、红水河流域、柳江支流龙江流域，及湘江、漓江、贺江流域的广西先秦岩洞葬。再通过武鸣岜旺、弄山、岜马山、敢猪，以及龙州、大新、灵川等地岩洞葬出土的陶釜、陶罐、石斧、石锛、凹刃玉凿、玉锛、玉玦、铜钺等代表性文物反映这一特殊的丧葬形式。将洞穴作为专门的葬所，体现了广西先民独特的信仰与习俗，至今岩洞葬的葬俗仍在广西延续。

图2-6　花山岩画沉浸式体验效果（1）（上）
图2-7　花山岩画沉浸式体验效果（2）（下）

图2-8 第三部分 多元一体

（三）多元一体联璧合

　　沿着历史发展的脚步，我们来到了秦汉三国两晋南北朝时期的广西，即展览的第三部分"多元一体"（图2-8）。此部分包含了"凿通灵渠""设郡筑城""越汉交融""钟鼓和鸣""百业俱兴""扬帆出海"六个单元。这是展览中内容最为丰富的部分，展品增多，展线延长，旨在展现这个广西历史发展进程中的重要阶段。在这一历史时期，秦始皇统一岭南，广西开始正式成为中原王朝的辖域，与汉文化不断融合，与中原地区的联系日益密切，社会经济及文化得到了空前的发展。此后无论政局如何动荡不安，广西始终未脱离中华一体的格局。同时，广西合浦还作为南方海上丝绸之路的始发港之一，在中外经济文化交流史中占据着独特地位，发挥着重要作用。

图2-9　素模沙盘：灵渠全貌+水纹灯

　　秦始皇统一岭南开启了广西历史的新篇章，这一新篇章的开启之功当推灵渠。灵渠位于广西兴安县境内，公元前214年凿成通航，设计巧妙、工程艰巨，是中国乃至世界水利工程的杰出代表。2018年8月13日，灵渠入选第五批世界灌溉工程遗产名录。灵渠的开凿不仅沟通了长江水系和珠江水系，连接了中原和岭南，对中国的政治统一、经济往来、文化交流和边防巩固也发挥了巨大作用。所以我们将"凿通灵渠"单元作为这一部分的首章，以显示其历史地位；同时采用了大型电子沙盘与多媒体影像播放相结合的形式（图2-9），动态展示灵渠的全貌及大小天平、铧嘴、南北渠道、泄水天平、陡门、堰坝等工程建筑结构的组成。

　　广西正式纳入中原王朝的行政版图始于秦代郡县制的推行。郡县制是伴随中国古代中央集权统治而产生的地方管理行政制度。秦统一岭南后，设桂林、南海、象郡以实行统治，这是中原王朝在岭南地区设置郡县的开始。汉至南朝的近800年间，中央王朝沿用郡县制对广西进行管理。在"设郡筑城"单元，

　　我们通过图版展示了兴安县秦城遗址、合浦县草鞋村遗址、贵港市贵城遗址、龙州县庭城遗址、浦北县越州故城遗址、武宣县勒马故城遗址六个代表性遗址的全貌，并展示了近年来遗址考古出土的板瓦、筒瓦、瓦当等遗物。这些广西历年发现的秦汉至南朝的城址与彼时广西所设郡县基本对应，充分体现了郡县制在广西地区的全面推行，以及中央王朝对南部疆域的有效治理与强力管控。这也是中央集权制在地方管理上的反映，有利于中央集权的加强和国家统一。

　　在岭南地区的全面推行郡县制，是在政治制度层面形成中央对地方的垂直管理形式。同时，北方移民南下"与越杂处"。统治者实行"和辑百越"，通过"以其故俗"的形式进行治理，极大促进了广西地区汉、越民族的沟通与融合。我们在"越汉交融"单元中通过合浦县大浪村的土墩墓、贵港罗泊湾汉墓、西林县普驮铜鼓墓及其他地区墓葬出土的大量文物讲述"土墩墓与越人南迁"的历史，"和辑百越"的政策施行，"汉越进一步融合"的大趋势，从政治制度、丧葬礼制、生活习俗等多方面反映"越汉交融"所呈现的文化面貌。特别是重点文物漆绘提梁铜筒，在造型上有着越文化的地域特征，纹饰中蕴含了汉文化的内涵，可谓是越汉交融的代表性文物，所以我们采用了独立柜，以及在墙面投影循环播放其纹饰解读影片的展示方式。正是这一时期广西地区大规模的民族交流与融合，促进了本地社会的发展，也为中华民族多元一体格局的形成奠定了基础。在展示内容上，这一单元可谓是展览这一部分最为精彩之处，文物数量之丰富、器形之精美，都在密集式的陈列中让观众目不暇接（图2-10）。

　　经过此前的琳琅满目，就来到了"钟鼓和鸣"单元。这里展示的是一系列乐器，以铜鼓和羊角钮钟为代表。铜鼓和羊角钮钟是古代我国南方少数民族地区极富代表性的地域乐器，两者在墓葬遗址中多是相伴而出，在花山岩画上也常常相携而奏。羊角钮钟虽已湮没于历史长河，但作为礼乐重器的铜鼓自春秋战国迄今，历经2000余年依然鼓声不绝。铜鼓在古代礼乐祭祀和军事政治活动中扮演着重要的角色，也是地位与财富的象征。展区采用向心式的空间布局，正中央展

图2-10　"越汉交融"单元（上）

图2-11　纱幕投影效果：翔鹭纹饰阐释（下）

示的是重点代表性文物翔鹭纹铜鼓，四周不仅环绕展示了分属石寨山型、北流型、冷水冲型、灵山型的四面铜鼓，还组合呈现了同出于罗泊湾汉墓的人面纹羊角钮钟、半环钮筒形钟、"布"铭三环耳铜锣及八孔竹笛等，既体现了极具浓厚越地特色的乐制，也体现了中原乐器的传播与影响，不同地域的艺术与文化在这一展区相和而鸣。同时为了突出工艺精良、纹饰精美、内涵精深的翔鹭纹铜鼓，更为了突出作为广西地域文化与民族文化标志的铜鼓的重要意义，翔鹭纹铜鼓的独立展柜上方还使用了"环形纱幕投影＋数字媒体动画技术"以展现铜鼓纹饰（图2-11），在光影的演绎中，仿佛再现了2000多年前鹭鸟齐飞、游鱼潜水、羽人竞渡起舞的场景，使观众参观至此宛若穿越时空，身临其境。

伴随着钟鼓之乐，就进入了"百业俱兴"单元。秦汉至南北朝时期，随着越汉交融的不断深入，中原移民带来的农业生产、手工业制造的先进技术和经验，为当时广西社会经济发展注入新的活力。在农业方面，中原铁制农具、牛耕技术及优良作物品种输入。我们以一系列与农业生产息息相关的铁锸、磨锄铜俑、农作物种子、陶或铜制的仓囷屋楼井灶及各种家禽家畜动物明器等文物，组合展现了广西农业的长足发展进步，以及地方庄园经济的出现。在手工业方面，出现了前所未有的发展局面，成就突出。陶瓷制造业上，我们展示了梧州、贵港等地汉墓出土的釉陶及青瓷，展现当时釉陶器制造发展，青瓷出现且烧造技术进入成熟阶段。铜铁冶铸业上，我们选择了贵港、合浦等地汉墓出土的具有代表性的、纹饰精致繁丽的錾刻铜器，以说明岭南西部地区工匠对中国青铜工艺的重大贡献。漆器制造业上，贵港是当时岭南漆器制作中心之一，展出文物也以贵港罗泊湾汉墓出土漆器为主。纺织业上，尤引人瞩目的是贵港罗泊湾汉墓出土的一套纺织工具。玉石加工业上，展出的玉杯、玉剑饰、玉璧、玉带钩等体现了中原玉器样式及制作工艺，此外还有西汉晚期盛行的作为玉器替代品的滑石器。这一单元同样采用密集式陈列的方式，再配合详尽的知识图版，让观众在丰富的文物展示中感受"百业俱兴"的繁荣。

图2-12　大铜马、铜跽俑

农业、手工业的兴盛促进了社会经济发展。《汉书·地理志》中曾详细记载了从合浦等地开始的汉代海上丝绸之路的线路及贸易盛况。我们在“扬帆出海”单元通过“商旅纵横”“殊方异宝”“佛教南来”三个方面展示了从秦汉至三国两晋南北朝时期的广西经济文化交流面貌，特别突出作为汉代海上丝绸之路的起点，也是海上丝绸之路向内陆及东南沿海延伸和辐射的重要节点的合浦港。陶船、大铜马（图2-12）等反映了这一时期广西水陆交通联运的便利。五铢钱、金饼、铜镜、铜跽俑等体现了货币和商品的流通以及人员的往来。来自域外的玻璃器皿和水晶、玛瑙、金串珠等奢侈品从实物资料角度呈现出汉代海上丝绸之路贸易的繁荣景象。钵生莲花器、莲瓣纹青瓷盘及佛寺遗址介绍等展现了东汉晚期或更早，佛教由海路传入广西并发展兴盛的历史。可以说从经济发展、文化交流的角度让观众对这一时期开放包容的社会面貌有了更为深入的了解。

图2-13 第四部分 经略有方

（四）经略有方广立业

　　穿过两个展厅之间的长廊，在第二展厅，我们开始了第四部分"经略有方"的展示，讲述隋唐五代两宋时期的广西。这一时期是广西历史上承前启后的重要阶段。我们设置了"肇建广西""修渠开河""冶铸博易""兴举瓷业""崇文重教""胜览风物"六个单元展现广西在这一时期政治、交通、经济、文化的大发展。隋代结束了东晋以来200多年的分裂局面，广西再次回到统一的发展格局中。唐宋时期，作为完整的行政区域的广西形成并在此后不断延续，广西之名也在此时正式出现。这一时期的广西，兴修水利、凿通运河，设立铸钱监、开辟博易场，瓷业兴盛，商贸繁荣，人文荟萃，反映出在中央政权的统一筹划治理之下，广西历史呈现的新局面（图2-13）。

图2-14　六合坚固大宅颂碑、智城碑展示效果

　　唐宋时期在全国实行道路制，作为行政区域的广西地区在此时出现，作为行政区划名称的"广西"一词也在此时出现。第一单元"肇建广西"便是从唐宋两代行政管理的层面讲述广西作为行政区域的开端。我们首先采用视频播放隋唐两宋时期广西地图并配合各时期大事记的方式让观众先从历史地理的角度对广西的行政区划有最初的印象。唐初将天下分为十道，今广西大部分地区属岭南道。唐咸通三年（862），岭南道东西分治，今广西属岭南西道，广西的雏形形成。宋至道三年（997），分置广南东路、广南西路，广南西路简称广西，广西之称便由此而来。我们通过"武夷县之印"铜印、铜钱、铜镜，以及墓志拓片等文物，配合"广南西路驻泊兵马都监铜记"铜印、宋代静江府城墙遗址等图版内容说明唐宋时期中央朝廷将广西纳入全国道路制实行的统治管辖。我们展出了钦州宁氏家族久隆墓葬群的出土文物，还以碑体复制和场景半复原的方式展出了韦氏家族的六合坚固大宅颂碑、智城碑等（图2-14），以此体现唐宋两代在广西少数民族地区实行羁縻制度，设羁縻州县并任用地方首领自治管理

的情况。道路制与羁縻制的并行，反映了广西作为边疆地区与少数民族聚居区在行政上的特殊性。

　　中央朝廷要对南疆地区进行有效治理离不开交通网络的延伸与覆盖，所以，唐宋时期的广西实施了一系列运河开凿工程。在"修渠开河"单元，我们以桂柳运河、潭蓬运河、西坑运河为主题展示当时广西水路交通的发展。桂柳运河又名相思埭，开凿于周长寿元年（692），连接了桂中、桂西、黔东南的交通。潭蓬运河，又称"天威遥"，唐咸通八年（867）开凿，运河开通后，在唐代安南海上交通交流中发挥了重要作用。西坑运河开凿于隋至唐初，与潭蓬运河构成了广西沿海运河的有机联系整体，保证了海上丝绸之路北部湾航段的通畅便捷，推动了北部湾地区对外贸易的发展。这些运河不仅连通了广西内部发达的水网，也使得江河与海洋相连，为当时广西的交通、经济、社会、文化发展提供了强大的推动力。在运河展示方式上，我们更多地借助了不同的地图，让观众能以直观的地理视觉感受统一的政治格局下整理江河、经山画海的气势。

　　唐宋时期政治的稳定与交通的发展促进了广西社会经济的繁荣。其中的代表就是成就突出的冶铸业及商业贸易。所以我们在"冶铸博易"单元重点介绍了当时广西的银器制造、元丰钱监及横山寨博易场。在银器制造的内容上，以图版展示了今陕西西安等地出土的广西生产的贡银，以实物展示了南丹县宋代窖藏出土的用于贡奉朝廷的银器，扶风法门寺地宫出土的鎏金镂空飞鸿球路纹银笼子、南丹县宋代窖藏出土的錾花鎏金银摩羯是其中的代表，显示了当时精湛的制银工艺。由于商品流通所需货币与日俱增，宋代在梧州、贺州和浔州设立了三大铸钱监，以梧州的元丰钱监最为闻名，展示的文物中就有梧州元丰钱监遗址出土的铸钱陶坩埚、铜钱等。宋代在广西边境地区设立了邕州横山寨、永平寨及钦州三大博易场。朝廷十分重视广西的马市贸易，因此，以马匹交易为主，兼有各种土特产品交易的横山寨博易场借由马市成为西南地区重要的商贸中心，我们在这里展出了宋代横山寨的治所田东百银城址出土的大量来源广泛的瓷器及残片。还以地图的形式展示了湘桂古道与茶

图2-15　坡式龙窑截面
场景效果

马古道，两者在络绎不绝的商贸中不断拓展，形成了日益繁荣的商道，极大地推动了广西与周边地区在经贸上互通有无，促进了社会经济的发展。

海外贸易及博易场的繁荣，促使唐宋时期的广西瓷业蓬勃发展，瓷窑数量骤增，遍布各地，形成一派繁盛的景象。我们单独设置"兴举瓷业"这一单元，就是为了突出展示当时广西制瓷的盛况。在空间布局上，我们首先设计了一个复原的龙窑场景（图2-15），以截面呈现瓷器匣钵装烧的景象，窑火不熄，龙窑两侧还堆放着在瓷窑遗址发现的碎瓷片，为观众增添场景的真实感。龙窑前方的长平面柜中展示了广西各地瓷窑遗址出土的碗模、盏模、盘模，这些模具在瓷器制作过程中兼有印花和成型两种功能。在沿墙一侧的长通柜里，密集展示了广西桂州窑、严关窑、永福窑、中和窑、岭峒窑、城关窑等窑址出土的青瓷与青白瓷。广西的瓷业在宋代达到鼎盛，其规模、技术、品种、品质，均超越了以往历代，填补了古代制瓷工艺的地区空白。这些产品不仅满足了民间日常使用，也是对外贸易的主要商品。

唐宋以来，随着交通与经济的日益发展，广西的文化教育也有了显著发展。我们在"崇文重教"单元从三个方面叙述，分别是"官学书院""金榜题名""诗客留芳"。我们采用地图的形式展示了办学之风盛行下分布在广西各地的宋代官学和书院。官学包括府学、州学、军学、监学、县学等；广西的书院在南宋时期出现并兴起，以桂林宣成书院和全州清湘书院声名最著。随着科举制的推行，广西士子中涌现出不少登科入仕之才。我们统计并展示了唐宋时期在科举中金榜题名的12位广西状元。这一时期，唐诗宋词对广西产生了深刻影响，广西诗人曹唐、曹邺在唐代诗坛中颇负盛名，众多文人墨客或入仕就任，或宦游迁谪，或旅寓侨居，在广西留下大量传诵至今的名篇佳作。所以在此处，我们设计了一面颇具风韵的诗文展墙，其上有游仙诗人曹唐、现实主义诗人曹邺的代表性诗作，也有宋之问、李商隐、韩愈等诗人关于广西的诗句，观众于此品读，也更能体会广西山水风光的人文魅力。

在接下来的"胜览风物"单元，我们主要为观众展示人文与自然相映生辉的广西山川风物。其中首推广西的摩崖石刻。唐宋以来，古人以山为纸，镌字为文，形成了"唐宋题名之渊薮,以桂林为甲",形成了南溪山、叠彩山、普陀山、龙隐洞等著名的桂林摩崖石刻群。我们在一大幅展墙上以场景复原的方式展示了《叠彩山记》《养气汤方》《乳床赋》《李滋书格言联》《龙图梅公瘴说》《元祐党籍》等著名石刻。与这一场景相对的是博白宴石山,桂林西山、骝马山、伏波山、叠彩山,田东八仙山佛造像的场景复原展示,也由此引出道显佛盛为广西山水带来的仙风梵音。唐宋时期的道教与佛教在广西已十分兴盛,两大宗教在此枝繁叶茂,融合共生。我们通过地图展示了唐五代及宋代广西主要道教宫观,以图版展示了道教洞天,包括容县都峤山、桂平白石山、北流勾漏洞。还以实物展示了兴安宝塔寺地宫出土的文物。此外,我们还以书影的形式展示了隋唐两宋时期与广西相关的地志史籍,这些记录为了解彼时广西的山川形胜、风土人情留下了珍贵的历史资料。

(五)边疆巩固筑同心

　　随着展线不断向前,我们来到了展览的最后一部分,第五部分"边疆巩固"。这部分主要讲述广西的元明清时期,统一的多民族国家的建设不断得到巩固。我们将其分为"土流并治""安业养民""桂筑华章""文教兴盛"四个单元展开。这一时期,元朝统治者在广西创立了土司制度,加强对少数民族地区的治理;明代,土司制度进入全盛时期;随着土司制度弊端的显露,清王朝实行大规模改土归流,逐步革除土司制度。广西的经济、社会、文化取得了新的发展成就(图2-16)。

　　在第一单元"土流并治"中,我们首先通过元代、明代、清代广西行政区划的地图为观众展示行政区划的变迁。元朝实行行省制度,广西属于湖广行省,

图2-16　第五部分　边疆巩固

这是秦汉以来我国地方行政区划制度的重大变革。明清两朝，设立广西省，省会定于桂林。元明两朝，中央朝廷在广西地区实行土流并治。清朝推行大规模的改土归流。这些政策的施行与调整，为稳定边疆统治、维护国家统一发挥了积极作用。在展示内容上，我们以图版的形式展示了对靖江藩王和靖江王府的介绍。以"永历二年"款迁隆州铜印、思明府黄氏土司墓葬出土的金器等实物的形式，配合忻城莫土司及其衙署、岑氏土司衙署、上林长官司府、养利古城、安平土司衙门等相关图版展示了土司制度在广西的推行。值得一提的是，我们还透过一幅油画讲述了"瓦氏

图2-17 "瓦氏夫人"展项

夫人带军抗倭"的历史故事（图2-17）。瓦氏夫人是明代广西归顺州（今靖西市）土司岑璋之女，广西田州（今百色市田阳区）土司岑猛之妻。她在倭寇大举侵犯我国东南沿海地区之时主动应征，率领1.3万俍兵开赴江浙沿海抗击倭寇，取得多场战斗的重大胜利。这一举动尽显巾帼英雄本色，凸显了广西儿女在捍卫统一的多民族国家中发挥的重要贡献。

在"安业养民"单元，由于无实物展出，我们采用了图版配合场景还原的展示方式，加强观众与场景的互动。元明清时期，广西的手工业获得全面开发。北海白龙城遗址反映了明代广西北部湾地区采珠业之盛；陶瓷业出现众多窑口；纺织业之发展由织锦可见。此时的广西圩市经济繁荣，数量增多，出现了南宁府扬美圩、苍梧县戎圩、平南县大乌圩、桂平县江口圩、灵川县大圩等大规模圩市。贸易的兴盛，促使社会民生日趋美好。在这里，我们选取了大圩圩市做场景复原，复原的不仅有圩市的青石板路，还有两侧的黄源顺、裕和昌、仁祥、广昌均等商号铺面。观众漫步其间，可以感受到大圩的传统建筑风格。

广西遗存的明清古建筑承载着历史的厚重。"桂筑华章"单元，我们以实景式场景复原结合缩小比例模型复原及图版拓展的方式突出展示了容县真武阁。真武阁的建造采用近 3000 条大小不一的格木构件，巧妙地串联吻合，被著名古建筑学家梁思成赞誉为"南天杰构"。1982 年，国务院公布其为全国重点文物保护单位。场景展墙的图版上还展示了合浦大士阁、文辉塔、左江归龙斜塔、贺州江氏客家围屋、大芦村古建筑群等一系列广西的明清古建筑，为观众展示了广西的古建筑文化。这些古建筑技艺精湛、风格典雅，蕴藏着建造者的智慧，见证了历史的变迁。

"文教兴盛"单元展示明清时期广西文化与教育有了更为长足的发展和显著的成就。我们通过图表统计了自明代起，广西设立的数量庞大的官学，实物展示了《重修桂林府学大成殿记》拓片。明代，广西各地广泛建立书院、社学；至清代，广西形成了比较完备的教育体系，官学、私学、家学都有切实的发展。伴随着科举制发展，仅明代，广西通过科举考试而被录取的就有进士 212 人、举人 4634 人，其中不乏著名的学者、教育家、军事家和政治家。我们介绍了被誉为"岭南儒宗"的陈宏谋、中国科举史上最后一位"三元及第"的陈继昌，以及周琦、蒋冕、吕调阳、张鸣凤等，还有不少在文学、艺术上取得成就的广西籍人士，如岭西五大家、国画宗师石涛、"乾嘉十六画人"之一李秉绶、"广西山水画家第一人"周位庚等。通过这些群星闪耀的广西文化名人呈现这里的文风兴盛、人才辈出。此外，我们还设计了"徐霞客游广西"的互动体验，观众可以通过触摸多媒体显示屏上徐霞客游广西途经的地点，了解当地的山水奇景、风土人情。

在展览尾厅，我们设置了一面名人墙，展示在广西历史上具有代表性的 13 位历史文化名人的形象，透过他们挺立的身影，为"广西古代文明陈列"留下余韵悠长的回响。

二、开放包容的海洋文明："合浦启航——广西汉代海上丝绸之路"

　　"合浦启航——广西汉代海上丝绸之路"是"广西古代文明陈列"中秦汉大一统时期广西社会繁荣发展部分的深化与拓展，也是国内首个以汉代海上丝绸之路为主题的常设展览。通过展出与主题相关的文物及多种辅助展示手段，突出广西汉代海丝文化的特色和亮点，诠释"和平合作、开放包容、互学互鉴、互利共赢"的核心丝路精神，为国家"一带一路"倡议提供历史借鉴。在内容设计上，通过宽敞大气的序厅为观众营造观展氛围，并按"跨洋过海：汉代海上丝绸之路贸易""兼容并蓄：科技传播与文化交流""江海相连：海上丝绸之路的辐射与延伸"三个部分，围绕"海上丝路，合浦始发"的学术观点，依次展示汉代广西海上丝绸之路的贸易盛况，伴随出现的产业经济、技术传播与文化交流，以及汉代海上丝绸之路在广西的辐射与延伸。

　　"合浦启航"展厅总面积 929.79 平方米，展线总长约 180 米。展览展出 265 件 / 套文物，辅以图表、影像、场景、模型，结合数字技术等现代化手段综合展示（图 2-18）。展览的形式设计从几方面展开：一是整体观展氛围的营造，注重对展览主题相关的海洋、礁石、船帆、航路、航海技术等元素的提炼与运用；二是在空间规划与展线设计上，兼顾艺术性与实用性，合理利用场景作为展览各部分间的过渡；三是在文物陈列设计上，不断探索创新展示方式，力求让观众能够多角度、近距离地观赏海丝文物的奇趣。

　　为使观众能更全面地了解广西汉代海上丝绸之路，我们通过实现对展览主题的最优阐释与展示，形成实体静物展示与多媒体互动、场景化烘托的有机结合，为观众呈现一场专业、生动、有记忆、有体验的展览，讲好古代海上丝绸之路广西篇章，扩大广西的海丝历史文化遗产影响力。

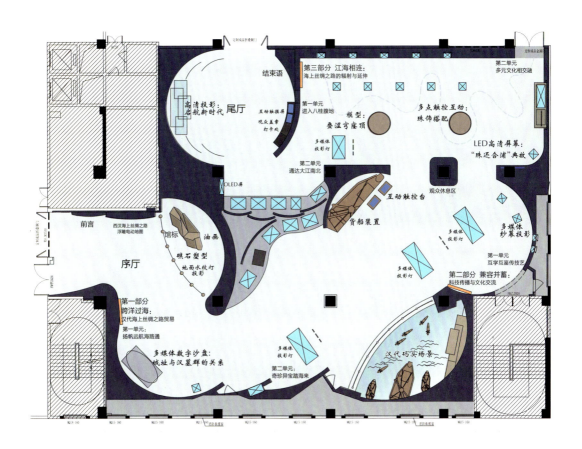

图2-18　"合浦启航"展厅平面布局

　　古代海上丝绸之路是"在公元前2世纪至19世纪中后期蒸汽动力取代风帆动力之前的漫长时段里，古代人们借助季风与洋流等自然条件，利用传统航海技术沟通世界中低纬度主要海域及沿海地带，开展多领域交流的海路网络"[1]。汉代海上丝绸之路，源自《汉书·地理志》的记载：

自日南障塞、徐闻、合浦船行可五月，有都元国；又船行可四月，有
邑卢没国；又船行可二十余日，有谌离国；步行可十余日，有夫甘都卢国。
自夫甘都卢国船行可二月余，有黄支国，民俗略与珠崖相类。其州广大，
户口多，多异物，自武帝以来皆献见。有译长，属黄门，与应募者俱入海
市明珠、璧流离、奇石异物，赍黄金杂缯而往。所至国皆禀食为耦，蛮夷
贾船，转送致之。亦利交易，剽杀人。又苦逢风波溺死，不者数年来还。
大珠至围二寸以下。平帝元始中，王莽辅政，欲耀威德，厚遗黄支王，令
遣使献生犀牛。自黄支船行可八月，到皮宗；船行可（八）〔二〕月，到
日南、象林界云。黄支之南，有已程不国，汉之译使自此还矣。[2]

这条线路从合浦郡的徐闻港、合浦港出发，驶离日南边关，经由马来半岛，
到达印度和斯里兰卡。其线路相对固定，以商贸活动为主，以各类奢侈品为主
要贸易物品，是我国正式开通的最早的远洋航线，也是一条由官方主导、民间
参与的和平之路。海上丝绸之路与陆上丝绸之路、西南丝绸之路等密不可分，
共同构筑汉代中西交往的格局，具同等重要的作用和意义。位于汉王朝沿海开
放前沿的广西，中外文明在此碰撞与交融，留下如明珠般的璀璨珍宝，向世人
诉说着丝路启航、踏星而归的历史故事。

（一）启航：跨越两千年的远洋贸易历史图景

我们希望观众从踏入展览序厅（图 2-19）的那一刻起，就能快速进入与展览
主题相关的观展氛围。"合浦启航"序厅以手绘油画作为背景；远景为一处汉
代城址；中景为一艘从城出发，正扬帆出海的汉代楼船，船头方向指引观众从
此处开始进入展厅观展；近景则以实体礁石造型为补充，沙山形的礁石造型，

图2-19 "合浦启航"序厅

既寓意向海的艰难探索, 也寓意"一带一路"的有机衔接。展览前言旁边, 辅以电子地图动态展示汉代海上丝绸之路线路图。除合浦和徐闻两地地名沿袭至今外, "日南"位于今越南中部秋盆河谷的沙莹文化区, "都元"在柬埔寨的吴哥波雷附近, "邑卢没"指向泰国中西部的班东塔碧遗址一带, "谌离"与"夫甘都卢"分别位于克拉地峡两侧的泰国春蓬府和拉廊府境内, "黄支"在印度东南部泰米尔纳德邦的阿里卡梅杜遗址附近, "已程不国"为今斯里兰卡, 主要港口在今曼泰。回程途中的"皮宗", 在马来西亚柔佛河上游和中游一带, 其中心在后来作为柔佛王国都城的哥打丁宜。我们把这些关键节点连接起来, 勾勒出西汉海上丝绸之路示意图。序厅顶部布置以北斗七星为主的星空吊顶与水纹灯投射, 营造沉浸式的观展氛围, 引导观众由此开启扬帆远航的海上丝绸之路探索。

在第一部分"跨洋过海：汉代海上丝绸之路贸易"中，我们通过"扬帆远航海陆通""奇珍异宝踏海来"两个单元，分别展示汉代海路贸易中"带出去"的金饼、铜镜、生活用器和"带回来"的以玻璃器和各类材质珠饰为主的贸易商品，辅以图表、场景等，初步复原汉代广西海路贸易的盛况。

元鼎六年（前111），汉武帝平南越。之后他将岭南分为南海、珠崖、儋耳、苍梧、郁林、合浦、交趾、九真、日南等九郡，统辖于交趾刺史部。其中，郁林郡全域和苍梧郡、合浦郡的大部分在今广西境内。之后，岭南对外交流的重心偏向新设立的合浦郡。

合浦大浪古城与草鞋村等遗址的发现，为研究汉代合浦郡行政建置及寻找合浦港指明方向。考古发掘研究表明，大浪古城遗址在西汉中期甚至更早便有人居住，随着社会经济的发展，人们顺着西门江南迁至草鞋村遗址一带。围绕草鞋村遗址呈扇形分布的汉代墓葬群，出土有数量众多、种类丰富的海上丝绸之路相关文物。当时的港、城应为一体，保证贸易航行正常往来的管理机构也应设在城内。汉城址和汉墓群的发现，有力证明了汉代合浦是海上丝绸之路航线上最早的港口城市之一，是汉王朝对外交往的主要窗口。

在第一单元"扬帆远航海陆通"中，针对汉墓群及汉城址这类不可移动的海丝文化遗产的展示，我们采用素模沙盘结合投影的方式（图2-20），展示合浦大浪古城和草鞋村两处汉代城址及合浦汉墓群的结构、形制等内容，并将城址的位置迁移及其与合浦汉墓群之间的时空变化、汉代海岸线变化等，通过素模沙盘投影呈现，让观众更为直观地了解三处遗产点的结构、形制、变化及三者之间的时空关系。

城市、港口等管理设施的设立，为海上交通和贸易提供支持。由官方主导，由译长、应募者等组成的汉使团，便可以从江海之交的合浦港扬帆出海，开始他们的万里征程了。他们会带上什么呢？结合文献记载和考古发现，汉使团带出去的除了有用于海外贸易的"黄金杂缯"，还有不少生活用器。

图2-20　素模沙盘投影：汉墓群与汉城址关系

　　"黄金"指的是汉墓出土的圆形金饼一类。展览中展出了合浦县望牛岭一号墓出土的两个金饼，其重量均在 250 克左右，约合汉代的 1 斤。金饼便于叠摞和携带，是当时中外贸易普遍流通的大额货币。"杂缯"即各类丝织品，属有机质，本身就不易保存，在海路沿线国家鲜见踪迹。地处岭南的两广地区，土壤含酸度高，丝织品在地下也多腐朽碳化残碎，基本不成型。但在广西贵县（今贵港市）罗泊湾一号墓中出土有丝织品、麻鞋布、织锦、漆缬纱帽等残片，同墓出土的一件"从器志"木牍上还列有不少纺织品的名称，计有缯、苎、布、线、絮、丝等，可分为蚕丝和麻织品两类；墓中还发现有纬刀、卷经板、吊杆、调综棍等织机部件。从出土的各种木构件分析，早至西汉早期（南越国时期）已有织机，这也从侧面反映了当时广西手工纺织业的发展程度。

　　此外，在东南亚、南亚等地发现的印章、陶器及铜镜等典型汉式器物，从侧面印证了汉代中国人通过海上丝绸之路，活跃于东南亚乃至印度等地的史实。近年的研究表明，制作精美的铜镜既是日常生活用品，也可能是除"黄金杂缯"外的另一重要输出品类，而印章一般是随身携带的信物，陶片应来自航海中用于储存水和食物的器皿。在这一单元中，我们展出金饼、铜镜、几何印纹陶瓮等文物，既丰富了该单元的展品种类与数量，又能让观众感受到当时扬帆出海的使团的日常生活，同时也将最新的学术研究成果通过展览的方式传达给观众。

　　海上丝绸之路正式开通后，汉王朝与东南亚、南亚地区的直接贸易，以及通过这些地区与西亚、地中海地区的间接贸易逐渐兴起。价高质优且便于运输携带的玻璃器皿及玻璃、红玉髓、玛瑙、琥珀、水晶、绿柱石、石榴石、绿松石、黄金等材质的珠饰，是当时中外海路贸易中最常见的商品，也是《汉书·地理志》中记载的"明珠、璧流离、奇石异物"之属。第一部分第二单元"奇珍异宝踏海来"所展示的玻璃器皿及玻璃、黄金、玉髓、玛瑙、石榴石、琥珀、水晶、绿柱石等各类材质珠饰，从形制及科技分析来看，应是通过与域外的东南亚、南亚、西亚和地中海地区的直接或间接交易所得，印证了《汉书·地理志》中关于海上丝绸之路的历史记载。

　　以玻璃器为例，1987 年合浦县文昌塔 70 号墓出土的淡青色弦纹玻璃杯，杯呈淡青色，敛口，弧腹，自腰下内收，小平底，腹中部饰三道弦纹（图 2-21）。经检测，材质为中等钙铝钾玻璃。中等钙铝钾玻璃在印度、东南亚和广西都广泛分布。这件玻璃杯与广西汉墓出土的其他蓝色调玻璃杯有明显区别，其化学成分分布点与印度阿里卡梅杜遗址的钾玻璃十分接近，器形也与该遗址出土的一件玻璃杯残件相似，因此判断其应是产自印度。还有许多直径小于 6 毫米，颜色多为不透明的红色、橙色、绿色、黄色和黑色，透明的深蓝色和蓝绿色，以及很少见的透明紫色、琥珀色和不透明的白色等的拉制玻璃珠，它们又被称

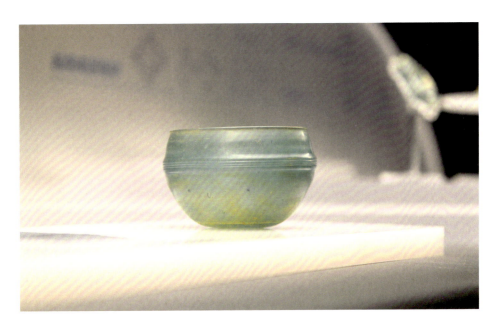

图2-21 "奇珍异宝踏海来"单元展出的淡青色弦纹玻璃杯

为印度 – 太平洋珠（简称印太珠），因广泛发现于印度及太平洋沿岸地区而得名。

　　在公元1世纪甚至更早时期，印度、斯里兰卡跨越印度洋与西亚、地中海地区的贸易已经兴盛，而在广西汉墓中出土的钠钙玻璃（俗称"罗马玻璃"）器皿或珠饰，表明了合浦港作为当时海路航线东端的起点，通过东南亚、南亚与西亚、地中海地区建立起间接联系，从而构成互联互通的东西海路交往网络。

　　在这一单元，我们以材质为分类组合依据，密集展示了包括黄金、玻璃制品，以及玛瑙、玉髓、绿柱石、水晶、石榴石、绿松石、琥珀等宝石/半宝石材质的各类珠饰，来表现广西汉代海路物质贸易的盛况（图2-22、图2-23）。同时，在部分玻璃器的文物说明牌上标注其化学成分，既便于普通观众理解同类材质的文物出现在

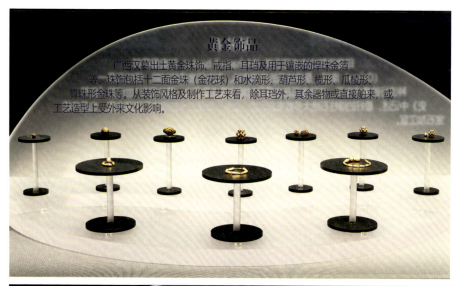

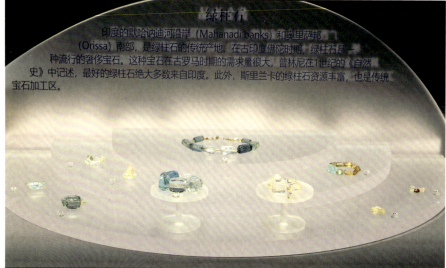

图2-22　"奇珍异宝踏海来"单元展出的黄金制品（上）
图2-23　"奇珍异宝踏海来"单元展出的各类宝石珠饰（下）

图2-24 "奇珍异宝踏海来"单元展出的玻璃制品、玛瑙珠饰及原石触摸台

不同分组中的原因，也满足专业观众对展出文物及其深层信息的读取与研究。针对宝石/半宝石材质的珠饰，则通过设置原石触摸台（图2-24），鼓励观众动手触摸和观察，达到对展出的各种宝石类文物自然科普的目的。

在第一部分结尾处，我们还设置了汉代合浦港码头想象复原场景（图2-25）及船舱剖面装置（图2-26）两个展项，作为第一部分与第二部分的衔接和过渡。码头场景以"油画背景＋微缩地物"的方式，表现出汉代海上丝绸之路开通后，合浦港码头熙熙攘攘的场景。通过场景表现出汉代合浦港应是港城一体。"合浦"原意为"江海交汇处"，具有船只由河入海、大小船接驳等特点。船舱剖面装置则与对面的码头想象复原场景相互呼应，既丰富了展厅整体的空间感，对于一些因客观条件难以保存或展示的文物，又可以以沉浸式的复原方式展示其在当时海路贸易中的数量、摆放和使用的方式等，重现商船满载货物的场景，拉近历史与观众的距离。以

图2-25　微缩场景：汉代合浦港码头想象复原（上）
图2-26　船舱剖面装置（下）

木质货箱形式出现的触摸屏，内有文物放大镜、玻璃珠制作工艺演示动画、文物线图配对等互动内容，观众可通过触摸屏更全面细致地了解更多文物之外的延伸知识。由此，对于跨越两千年的远洋贸易历史图景，观众在参观过程中得以逐渐清晰明了。

（二）流动：文化交融与人员往来

第二部分"兼容并蓄：科技传播与文化交流"下设"互学互鉴传技艺""多元文化相交融"两个单元，通过展示本地自制的玻璃器、用进口原材料本地加工的珠饰、与佛教文化相关的文物、本地制作的融入外来文化的胡人俑等，带领观众了解伴随着海路贸易而出现的产业经济、技术传播与文化交流，展现汉代海上丝绸之路的多层次交流及引发的经济发展与社会变迁。汉代海上丝绸之路不仅是商品贸易之路，也是技术传播及文化交流之路，玻璃制作技术及佛教文化等通过海上丝绸之路传播进来。一些域外文化因素，经过模仿改造，与本土文化相交融。科技文化、宗教信仰、生活方式及审美情趣等多层次的交流，揭示文明通过海洋交流促进社会变迁和区域发展的历史过程。

在第一单元"互学互鉴传技艺"中，我们通过多组展品信息向观众介绍了汉代海上丝绸之路对玻璃制造、珠饰制造、采珠、冶铁等手工业技术传播与发展的积极影响。

晋代葛洪《抱朴子内篇》中有载："外国作水精碗，实是合五种灰以作之。今交、广多有得其法而铸作之者。"此处"水精"，是古人对玻璃的一种别称。由这段文字可知，不晚于晋代，岭南一带已经从域外学习到了玻璃的制作方法。结合近年考古研究成果来看，岭南地区在汉代已经是钾玻璃的制作中心之一，玻璃器皿的制作水平普遍高于中原地区。在这一单元展出的经过检测成分及器型分析的蓝色系

图2-27 "互学互鉴传技艺"单元展出的本地自制玻璃器与耳珰

钾玻璃制品（图2-27），与第一部分所展出的来自东南亚、南亚或西亚等国的玻璃制品等有不少区别，例如玻璃器皿的造型更多是脱胎于中国传统的铜质或玉质器皿，如盘、碗等，玻璃珠在透明度及直径大小上，也与第一部分中展示的印太珠区别较大。这类产品被判断为当时交州地区自制的玻璃制品，反映了玻璃制造技术通过海上丝绸之路传播并发展的历史轨迹。

耳珰是具有典型中国传统风格的一类器物。广西汉墓中出土的耳珰主要以玻璃及玉髓材质为主，还有少数是琥珀、黄金或水晶材质。其中玻璃质耳珰又分属铅钡玻璃和钾玻璃两种体系。铅钡玻璃耳珰由中原地区传入无疑，钾玻璃耳珰则可能是本地制造，而半成品的玉髓耳珰样品在东南亚、印度地区也有发现，所以部分玉髓耳珰也可能是海外定制的。同为典型汉式器物的还有印章，岭南汉墓中出土的琥珀质地印章，多呈半透明的暗红色，出土后氧化，颜色变黑。其形制及印文符合汉代用印制度，其质地致密，内少丝状碎裂纹，与缅甸出产琥珀最为接近。因此，这类琥珀印章可能是使用进口原料的本地加工制品。

　　针对这一组文物的展示，我们通过考据其样式及佩戴方式来进行文物的陈列设计及阐释（图2-28、图2-29）。据考证，汉代耳珰的样式有在中心钻孔穿线系坠饰的，也有将坠饰横系在耳珰腰之中的。佩戴方式则有四种：直接穿入耳垂上的耳洞进行佩戴；系于簪首，为簪珥的垂饰；以丝线系挂于耳郭上；以丝线系挂于耳垂上的耳洞中。考虑到耳珰的立体性及成组展示的美观性和统一性，我们将蓝绿色调的玻璃耳珰及红黄色调的玉髓耳珰分别采用独立柜悬挑垂直串联的方式展示，直观表现耳珰实际佩戴时的其中一种样式。针对黄金和水晶质地的无孔耳珰，则通过定制展托表现坠饰横系于耳珰腰部的样式。同时将耳珰的样式及佩戴方式等图文介绍，以线图动画的形式投影于耳珰展示区域的墙面上。

　　西汉早、中期，权贵阶层对于珍珠的欲求只能通过海外贸易来满足。随着合浦设郡县及海外贸易航线的开辟，采珠业也随之出现，西汉晚期，合浦采珠业已形成一定规模。东汉时期合浦珍珠主要供应国内市场，满足国内的大部分需求，但颗粒大的和稀少品种仍需通过与交趾一带交易获取。成语"珠还合浦"或"合浦珠还"，就是出自合浦这一时期的典故。这里我们通过展示一颗罕见的多面体金球来带出"珠还合浦"的典故。这颗多面体金球由多个凹面焊接而成，内凹处应镶嵌有珍珠，珍珠与丝绸一样难以保存，应已溶解。

　　出自贵港汉墓的一件其貌不扬的三足铁架，经取样分析，符合块炼铁金相组织。结合图版，此件器物侧面反映了当时广西地区冶铁业的发展。以广西平南六陈冶铁遗址群为代表的"碗式"炼炉的冶炼技术可能更多的是受南亚、东南亚地区块炼铁冶铁技术的影响而出现的，是西亚"碗式"炼炉冶铁技术经由海洋扩散的结果。

　　在第二单元"多元文化相交融"里，展览内容则更倾向于向观众解读海上丝绸之路的开通与繁荣，及其对文化融合、人员往来、生活方式及审美情趣的交流与传

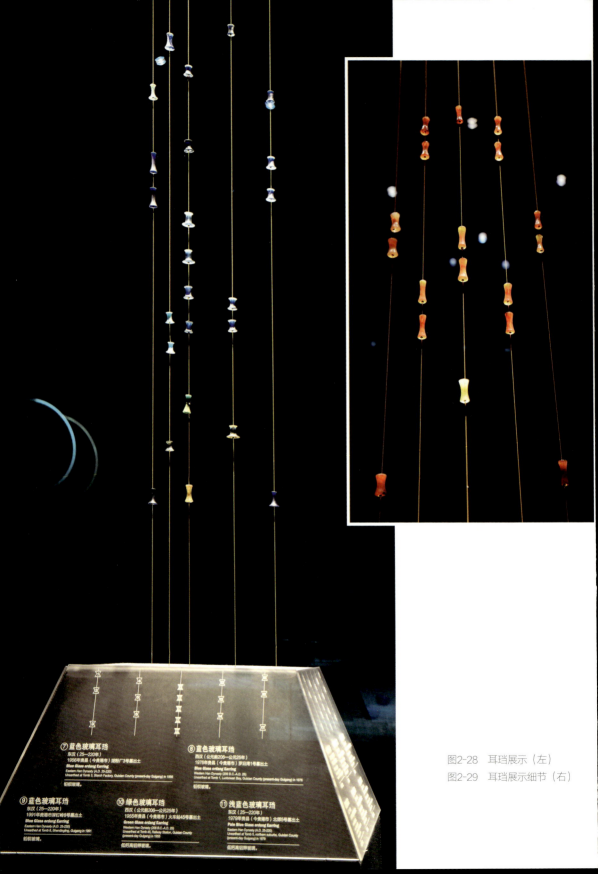

⑦ 蓝色玻璃耳珰
东汉（25—220年）
1956年贵县（今贵港市）深钉厂3号墓出土
Blue Glass erdang Earring
Eastern Han Dynasty (A.D. 25-220)
Unearthed at Tomb 3, Starch Factory, Guixian County (present-day Guigang) in 1956
铅钡玻璃。

⑧ 蓝色玻璃耳珰
西汉（公元前206—公元25年）
1976年贵县（今贵港市）罗泊湾1号墓出土
Blue Glass erdang Earring
Western Han Dynasty (206 B.C.-A.D. 25)
Unearthed at Tomb 1, Luobowan Bay, Guixian County (present-day Guigang) in 1976
铅钡玻璃。

⑨ 蓝色玻璃耳珰
东汉（25—220年）
1991年贵港市深钉村8号墓出土
Blue Glass erdang Earring
Eastern Han Dynasty (A.D. 25-220)
Unearthed at Tomb 8, Shendingling, Guigang in 1991
铅钡玻璃。

⑩ 绿色玻璃耳珰
西汉（公元前206—公元25年）
1955年贵县（今贵港市）火车站45号墓出土
Green Glass erdang Earring
Western Han Dynasty (206 B.C.-A.D. 25)
Unearthed at Tomb 45, Railway Station, Guixian County (present-day Guigang) in 1955
低钙高铝钾玻璃。

⑪ 浅蓝色玻璃耳珰
东汉（25—220年）
1979年贵县（今贵港市）北郊5号墓出土
Pale Blue Glass erdang Earring
Eastern Han Dynasty (A.D. 25-220)
Unearthed at Tomb 5, northern suburbs, Guixian County (present-day Guigang) in 1979
低钙高铝钾玻璃。

图2-28　耳珰展示（左）
图2-29　耳珰展示细节（右）

图2-30 "多元文化相交融"单元展示

播等产生的影响（图2-30）。

　　龟形、鸳鸯形、胜形珠饰在中国传统文化中有祥瑞寓意，从其材质来看，同类的动物造型珠饰统称为"吉祥珠"，广泛流行于东南亚一带，是汉文化通过海上丝绸之路与其他地区文化交流的又一佐证。象征佛、法、僧的三宝佩和狮形、摩羯形等带有早期佛教文化因素的珠饰，重新诠释了佛教在东南亚及中国的传播与发展历程，是早期佛教思想和文化价值由海路传入中国的物化证据。这些可爱灵动的微雕珠饰，无论是舶来的还是本地加工制作的，都显示了以贸易互通为纽带构建起的海上丝绸之路，通过商品交换、工匠人员往来等形式，促进了中国与外部世界在物质文化与精神文化上的双向交流。

对以上文物，除了通过不同组合分置于龛柜和独立柜中，并部分加装放大镜，使观众能够欣赏到这些文物的独特造型及精巧工艺外，我们还设置了"珠饰搭配"互动游戏展项，观众可在互动屏幕上选择珠饰佩戴方式，并在各类珠饰中选取自己喜欢的珠饰材质与样式进行组合搭配。这一展项与前面的"玻璃珠制作工艺流程"动画展示和原石触摸台等展项，共同阐释了作为当时奢侈品贸易大宗的珠饰，从原料获取到生产制作再到佩戴的全过程，既生动地向观众传达了展览信息，又大大提高了观众在展览中的体验感和参与性。

人员往来的频繁还体现在汉墓中出土的胡人俑。"胡人"通常是指面部特征为"深目高鼻、络腮胡须"的人种。学术界认为"胡人"来自北方、西域和南海诸国等广泛地域，因而各地出土的汉代胡人俑，其服饰、帽饰和容貌也会有所不同。广西汉墓出土的胡人俑，以陶质居多，有侍俑、俑座灯及流壶等形制，均为随葬明器。例如贵县高中 17 号东汉墓出土的俑座陶灯，为红陶质，灯座塑成一个双脚并拢屈膝而坐的裸体人物。人物双手抚膝，头顶圆形灯盘，盘发，浓眉大眼，有络腮胡须，高鼻梁，舌头外伸，颈粗短，还有一条项饰和胸毛。广西汉墓中出现的胡人俑在一定程度上说明，随着中西海路交往的扩大，当地人与域外人种接触增多，胡人的体质特征和文化特征为时人习见，进而被运用为艺术创作的母题。

据东汉岭南人氏杨孚撰写的《异物志》，"异物"包括鸟兽、虫鱼、食果、草木等，黄支国进献的犀牛及南洋输入的龙脑香，亦为"异物"之属。[3]汉时苏门答腊、马来半岛、婆罗洲等地及波斯都盛产的龙脑香，已通过海上丝绸之路辗转输入中国。中原地区熏炉的出现相对晚一些，反映了熏香的风气是自南向北逐步推广的。熏炉在广西汉墓中的广泛发现，意味着通过熏香料来驱虫避害、净化空气和美化环境，已成为当地上层社会的一种时尚，这也是海上丝绸之路在发展过程中对人们生活方式产生影响的物证之一。龙脑香这种树脂类香料须置于木炭上熏烧。这类进口的树脂类香料对熏炉造型产生影响。炉身加深且封闭、炉盖加高的博山炉，更适合这类香料的熏烧。此外，博山形熏炉的炉盖往往浮雕镂刻山峦及云纹，炉身也有一些飞鸟瑞兽的图案等，这些造型变化使得熏炉不仅具有实用功能，也成为人们精神信仰的寄托之物。

此外，常见于岭南东汉中晚期砖室墓中的叠涩穹隆顶，其造型和构筑技术，或也受到中亚影响。这些都说明海上丝绸之路沿线不同文化已在汉代传播到中国。我们参考考古发现的岭南地区汉墓中的叠涩穹隆顶造型，按比例缩小后制作复原模型，并通过 1/3 剖面的方式，使观众能一目了然，近距离观察、了解叠涩穹隆顶独特的结砌手法。

（三）连接：外通内联的重要枢纽

第三部分"江海相连：海上丝绸之路的辐射与延伸"，下设两个单元"进入八桂腹地""通达大江南北"。主要展示广西湘桂走廊、潇贺古道等沿线出土的与合浦出土的相同或相似的汉代珠饰，以及广西汉墓中包含不同文化因素的文物，体现了海上丝绸之路在广西的辐射，以及广西与中原地区、两湖、西南及沿海等地的密切联系。带有楚文化、汉文化、越文化等不同文化因素的文物，见证了跨地区、跨文明交流乃至外来文化最终融入广西当地文化与社会的历史。共融共生的特征还体现在本地文化在吸纳不同文化因素的同时表现出极强的包容性。这种包容性，是对"向海而生、多元共处"的海洋文化的最好诠释。

海上丝绸之路的形成和发展，与连接大海、辐射内陆的河流关系密切。广西河流众多，分属珠江、长江、百都河水系，独流入海的南流江自古以来就是重要的航道。随着汉代郡县制的巩固和社会经济的发展，沿江沿河城市逐渐增多。当时的郁林郡、苍梧郡与合浦郡相邻，郡治布山、广信分别位于今西江沿岸的贵港市和梧州市，水路交通发达，是合浦港向内陆推进的要冲。继续往北，有湘桂走廊和潇贺古道等成熟的陆路交通，沿线一带的昭平、贺州、兴安等地出土较多与合浦相同或相似的珠饰。可见，汉代广西境内已逐渐形成便利的交通路网，交通运输是水陆并举的。当时人们出行、运货所用的交通工具，既有用于水路的船只，也有用于陆路的马车、牛车或是直接骑乘的马匹。

汉代海上丝绸之路经由广西不断延伸，通过灵渠沿湘江进入长江水域，然后走武关道（又称"南阳南郡道"，从湖北荆州至河南南阳）可到达长安；从合浦向东，可沿海路到达东冶（今福州市），然后溯闽江翻越闽赣边关，经江西入长江，再溯江而上到达南郡。广西与西南的交通，可溯西江而上或通过沿红河的"蜀交趾道"来实现。这使得广西与内陆及周边地区的交往愈加密切，各地汉墓出土的钾玻璃、水晶、玛瑙等各类宝石珠饰与广西汉墓出土的反映楚、汉、滇、越等各种文化因素的器物，是海上丝绸之路通过广西往内陆延伸的体现，也是汉代广西与中原及周边地区经济文化交流的重要物证。

这一部分展出的文物以铜器、陶器等大件文物为主（图2-31），我们根据文化因素的不同进行分组，并结合各地出土的与海上丝绸之路或具有广西地方特色文物的图版进行对比展示，具象化海上丝绸之路向内陆延伸的线路。例如包含楚文化因素的玻璃璧、滑石器等在广西汉墓的出现，表明湖南是广西北上与中原交往的必经之地；鼎、盒、壶、钫组合的仿铜陶礼器在广西汉墓较多出现，是中原礼制在岭南社会推行的重要体现；羊角钮铜钟、锥形玛瑙饰等滇文化因素明显的器物在广西汉墓中出土，而西南地区汉墓中也发现了不少与广西汉墓所见相同的錾刻青铜器和域外珠饰，它们应是经由牂牁江水道或蜀交趾道来传播的；土墩墓、匏壶、簋、五联罐等典型越式器物，以及合浦汉墓出土的"九真府□器"款陶提筒残片等（图2-32、图2-33），表明早在秦汉之际，广西与北部湾之外的沿海地区也有密切交往，侧面反映了汉朝廷以合浦为支点经略岭南

图2-31　第三部分的"通达大江南北"单元

及海外的史实，以及汉代在秦统一岭南之后进一步强化了南部边地的管辖治理，为
维护国家统一、铸牢中华民族共同体意识作出了重要贡献。

汉代以后，随着造船与航海技术的不断发展，离岸跨海的远洋航线最终得以开
辟，华南和东南沿海对外贸易港口不断涌现，航线不断往东延伸和发展，其兴盛繁
荣的历史基础，正是从北部湾沿岸的合浦等古港出发的汉代海上丝绸之路。最后，

"九真府□器" 软陶提筒残片

[说明文字]（公元25年—公元25年）

1971年仁德县德山街1号墓出土

Earthenware zhong Shred with the Inscription "Jiu zhen fu ? qi"

Western Han Dynasty (106 B.C.-A.D. 25)

Unearthed at Tomb 1, Hengyading, Pluey County in 1971

盛酒

盛粮食

图2-32　合浦汉墓出土的"九真府口器"款陶提筒残片展示（左页）
图2-33　陶提筒功能展示（右页）

图2-34　尾厅：《启航新时代》短片

我们在尾厅播放《启航新时代》短片（图2-34），通过古港、古航线与现代港口和今天的"一带一路"的转场镜头语言，表达千百年来，遥远浩瀚的大海没有成为交往的阻碍，反而成为连接的纽带。以史为鉴，方知兴替。汉代海上丝绸之路是贸易之路，也是文化交流之路，更是一条友谊之路、和平之路。广西将立足"一湾相挽十一国，良性互动东中西"的独特区位，乘机遇东风与时代共舞！

注 释

〔1〕海上丝绸之路国际文化论坛. 关于海上丝绸之路保护与申报世界文化遗产的澳门倡议. 中国文物报, 2022-11-18(1).

〔2〕[汉] 班固. 汉书. 北京：中华书局, 1962：1671.

〔3〕[汉] 杨孚撰, 吴永章辑佚校注. 异物志辑佚校注. 广州：广东人民出版社, 2010.

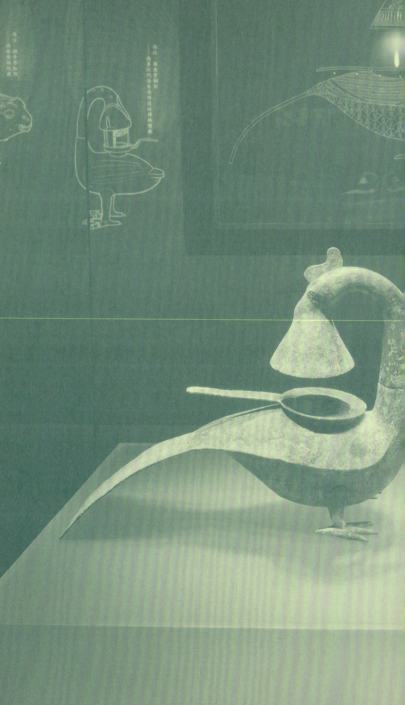

八桂春秋

The Annals of Guangxi

策 展

深入挖掘：立体呈现广西古代文明的文化内涵

一、策展之初的精心谋划

　　广西博物馆旧陈列大楼仅有 4000 多平方米的展厅面积，改扩建之前仅有"瓯骆遗粹——广西百越文化文物陈列"一个基本陈列，另设置有馆藏瓷器类、书画类、石质文物类等两到三个常设专题陈列。广西博物馆藏品数量有 10 万多件 / 套，主要有出土和传世的古代玉石器、陶瓷器、青铜器、金银器、骨角器、古籍、字画和近现代革命文物等，馆藏文物数量丰富、种类齐全、品质高。经过多年的发展，广西博物馆形成了代际分明、传承有序的专业技术人才队伍，在广西考古、古代铜鼓、灵渠、花山岩画、岩洞葬、海上丝绸之路、茶马古道、土司文化、革命文物等领域的研究具有较大的影响力。因展厅面积所限，许多珍贵文物深藏库房，许多研究成果仅在专著论文中出现，难免遗憾，打造一个全面展示广西历史文化的通史展览和几个丰富多样的馆藏专题展览是几代广西博物馆人的心愿。

（一）展陈体系的形成

广西博物馆改扩建完成后，展厅面积扩大到 1 万多平方米，打造一个符合本馆定位，充分体现本馆藏品和研究特色，重点突出、特色鲜明、识别度高、影响力大的展陈体系成为广西博物馆改扩建项目最重要的任务之一。早在广西博物馆改扩建项目建议书编制阶段，广西博物馆就对陈列展览的内容设计方案十分重视，编写了"广西壮族自治区博物馆展陈体系定位及实施方案"，明确了展陈体系定位的依据及基础，初步拟定了展陈体系的设置及实施规划。组建了广西历史陈列和专题陈列的内容方案编撰团队，进行了细致的分工，六年内组织了数十次馆内外交流、研讨、论证。下文选取展陈体系形成过程中重要的节点，从侧面回顾展陈体系最初规划、逐步完善、最终成型的过程。

基本陈列策划和实施是新展陈体系构建中最重要的工作任务，广西博物馆最初的规划是设置四个基本陈列："古代广西——广西古代历史陈列""天国朝晖——太平天国运动在广西""烽火南疆——广西近现代革命历史陈列""壮乡巨变——广西社会主义建设历史陈列"。2015 年 7 月 6 日，广西博物馆首次召开改扩建后基本陈列内容设计方案编撰动员会，对四个基本陈列的设计思路、责任分工、时间安排等都提出明确要求和部署。7 月 14—15 日，广西博物馆召开基本陈列内容方案设计思路专家咨询会，来自自治区党史办、方志办、档案馆，广西社会科学院等的区内相关专家共 20 余人应邀参加会议。与会专家对方案主题定位、结构框架、内容把握等方面进行了评审，认为展览内容设计思路基本符合研究主流，主题定位准确，尊重历史，还原历史，贴近社会，贴近百姓，结合广西特点、馆藏文物特色，能够很好地将广西历史展示给观众，并提出了整合展览内容、优化展览框架等建议。

经研究讨论，广西博物馆重新编写了"广西古代文明"和"广西近现代史陈列"内容方案设计框架。2015 年 8 月 4 日，广西博物馆召开这两个展览内容方案设计框架专家咨询会，广西文物保护与考古研究所等区内相关领域专家受邀出席会议。

与会专家就方案设计思路、结构框架等方面进行了评审，认为方案以时间发展为主线脉络，内容基本合理，结合广西特色突出重点，很好地展现了广西优秀民族文化，但在各单元标题措辞、内容衔接，总体谋篇布局平衡性上建议做进一步完善。建议文本内容设计紧扣"广西通史"来展现，现有文本框架"斗争史"部分占据比例太大，要以史实为基础，以选取大事件、典型人物的方式，将近现代经济、科教文卫等方面的社会变化贯穿展览始终，激发观众兴趣，引起观众共鸣。

经过一年的调研与撰写，广西通史陈列"八桂春秋——广西历史陈列"内容大纲初稿完成。2016 年 7 月 29 日，广西博物馆召开了改扩建广西通史陈列内容设计方案专家意见会。与会专家在肯定陈列内容设计方案的框架、脉络和内容等方面的前提下，从不同角度指出了方案的不足之处及存在的问题，提出了相对具体的意见和建议；提出陈列的定位和立意必须明确，要突出广西特色和博物馆特点，内容要丰富、准确、精练、鲜活，坚持以实物为主。

2016 年 8 月 30 日，"八桂春秋——广西历史陈列"内容设计方案专家咨询会召开。会议邀请了广西社会科学院、广西民族问题研究中心、广西民族大学、广西壮族自治区党委党史研究室、广西师范大学、广西文物保护与考古研究所等相关领域的专家学者等对内容设计方案进行审议。与会专家对方案给予了肯定，指出本方案在梳理广西历史发展脉络、展示广西历史上重要的事件和人物、坚持客观准确性、采用多种陈列手段等方面做得比较到位，但仍有许多不足，需要深入细致地研究探讨，不断地改进和完善，在立足中华民族文化多元一体的基础上，加强民族性及区域特点，突出广西作为中国面向东盟的"桥头堡"的地位，以文物、实物为主导，结合广西非物质文化遗产的展示，使展览做到见人、见物、见精神，成为展示广西历史文化的重要窗口。

2016 年 10 月 26 日上午，广西壮族自治区文化厅组织召开广西博物馆《八桂春秋——广西历史陈列内容设计方案》评审会。来自贵州省博物馆、中国人

民革命军事博物馆、中国地质博物馆、中国国家博物馆、首都博物馆的与会专家对
方案给予了肯定，认为该方案基本做到了用文物说史，比较清晰完整地呈现出广西
历史的发展脉络，并突出了广西特色，内容丰富，形式多样，可操作性强。同时，
专家也指出了该方案的不足之处并给出了许多建议，包括如何规范使用展览语言，
如何将大背景和具体事件有机联系，以及文物的选取，等等。

此后三年，广西博物馆改扩建项目进入立项、可行性研究、初步设计等阶段，
基本陈列的内容设计方案也在此期间不断修改完善，常设专题陈列的内容设计方案
也同步启动。2019 年 8 月 31 日上午，广西壮族自治区文物局组织召开广西博物
馆改扩建基本陈列内容设计方案专家评审会。来自广西社会科学院、广西壮族自治
区党史研究室、广西书画院、广西自然博物馆、广西民族博物馆的专家应邀出席，
会议原则通过了广西博物馆改扩建陈列展览的内容设计方案，并提出了修改完善的
意见。

历时一年，汉代海上丝绸之路展、馆藏瓷器展、馆藏工艺品展、馆藏书画展、
馆藏文房展、馆藏古籍展、古代铜鼓数字化展内容设计方案初稿编撰完成。2020
年 7 月 14—27 日，广西博物馆召开改扩建专题展览内容设计方案专家咨询会，邀
请了区内外相关领域的专家，分别对海上丝绸之路、瓷器、工艺品、书画、文房、
古籍、古代铜鼓数字化七个专题展内容设计方案进行评议。与会专家肯定了七个专
题展览的设置，认为能充分展示广西博物馆馆藏特点和研究成果，并对每个专题展
的内容设计方案提出了具有针对性的修改意见。

此后一年，基本陈列和专题陈列内容设计方案进一步修改和完善，同时补充
增加了四个互动区域和两个临时展览的设置方案。2021 年 7 月 15 日，改扩建项
目陈列展览设置方案专家评审会召开，来自广西壮族自治区文化和旅游厅博物馆与
文物安全处、广西旅游规划设计院、桂林博物馆等的领导专家应邀出席了评审会
议。与会专家对广西博物馆改扩建陈列展览设置方案给予了充分肯定，一致认为
"1+7+4+N"的展陈体系定位准确、布局合理、结构严谨、特色鲜明，具有整体性、

逻辑性、关联性、层次性、互动性、前瞻性。同时，专家们对展览的架构和内容、基本陈列的优化、文物展品的充分展示利用，以及数字化展示、古籍保护、互动空间设置、临时展厅使用等方面的后期运行维护提出了完善建议，为广西博物馆改扩建陈列展览方案付诸实施夯实了坚实的基础。

2021 年 7 月 28 日，广西博物馆召开了改扩建基本陈列"八桂春秋——广西历史陈列"内容设计方案专家评审会，广西社会科学院、广西党史研究室、广西民族大学民族学与社会学学院、广西文物保护与考古研究所、广西博物馆、湖北省博物馆等单位的专家出席了评审会。经过评审讨论，与会专家对内容设计方案给予了充分肯定，一致认为展览文本布局大气，架构合理，逻辑清晰，基本反映了广西历史发展的脉络和文化特征，突出了广西特色、风格与气派。同时，专家们对展览的各级标题、框架、篇幅、表述、文本规范等方面提出了修改建议，为主创人员写好广西故事、打造精品展览指明了方向。

2021 年 10 月 13 日上午，按照广西文化和旅游厅党组的最新要求，广西博物馆召开了"八桂春秋——广西历史陈列"内容设计方案专家论证咨询会。来自北京大学、上海大学、广西师范大学、广西壮族自治区党校、广西社会科学院、广西文物保护与考古研究所等单位的专家应邀出席了咨询会。与会专家对广西历史陈列内容设计方案给予了总体认可，同时也针对标题设置、展览内容、框架结构、逻辑线索、展品选择、文字表述等方面提出了完善的修改意见及建议。专家们特别提出广西历史中重要的考古发现、重大的历史事件、有特色的文化符号在展览中不可缺漏，更要突出强化，应再深度挖掘、细致解读展品的文化内涵与背景知识，充分展现广西历史和地域文化的重点与亮点。

历经六年的修改和反复打磨，我们最终设置了"1+7+4+N"的展陈体系，即一个基本陈列、七个专题陈列、四个互动体验区及两个临时展览。一个基本陈列为"广西历史陈列"，上篇"广西古代文明陈列"，下篇"烽火南疆——广西近现代革命史陈列"；七个专题陈列分别为"合浦启航——广西汉代海上丝绸之路""釉彩斑斓——馆藏瓷器陈列""匠心器韵——馆藏工艺珍品陈列""图会前贤——馆藏明清文人书画作品展""万卷·书生——馆藏古籍陈列""亦器亦趣——馆藏文房用具展""鼓动八桂　声震九州——广西古代铜鼓数字化陈列"；四个互动体验区分别为公共考古展示（儿童考古探秘馆）、广西历史剧展演（历史小剧场）、文化创意空间、青少年活动中心；两个临时展厅用于举办交流展览，每年策划实施系列化的红色优秀传统文化、历史文化、铸牢共同体意识、文明交流互鉴、现当代艺术等主题展览。新馆开馆的临时展览确定为举办一个优秀传统文化主题展览和现当代艺术主题展览，我们引进了陕西历史博物馆"三秦华章　光耀四方——陕西周秦汉唐文物精品展"，同时，策划实施"南方诗意——广西油画风景精品邀请展"。

　　"1+7+4+N"展陈体系是一个整体、系统结构，其中的"广西古代文明陈列"和"合浦启航——广西汉代海上丝绸之路"扮演着反映广西古代历史文化特色的重要角色，关于以上两个展览的详细策展过程，将在后文展开记述。其他专题陈列则立足于馆藏特色，包括瓷器、工艺品、书画、文房器具、古籍、古代铜鼓数字化等，是对馆藏文物资源的充分活化利用。相较于改扩建前的陈列展览，改扩建后的展陈体系结构更加完善，内容更加丰富，形式更加多样。

（二）展览筹备团队的组成

广西博物馆改扩建项目分为建安工程、展览工程、开放工程三大项目。2021 年展览工程项目进入具体实施阶段，为确保所有陈列展览项目高效率、高质量、高标准完成，各项工作任务都需要提前准备，为此，广西博物馆成立了"广西壮族自治区博物馆改扩建展览工程项目工作领导小组"，由馆长任组长，负责统筹展览工程全局，协调各方工作，全馆各相关部门通力合作。小组下设基本陈列工作组、专题展览工作组、四个互动体验区工作组、临时展览工作组。每个工作组都有具体的分工安排，以基本陈列工作组为例，设置了：

（1）综合协调组。以副馆长潘汁为组长，负责组织协调展览项目全流程实施，按时间节点完成可供专家评审的内容及形式设计方案、深化设计方案和施工布展等工作。以韦玲和李世佳为副组长，负责项目任务书、标书编写，制订倒排工期实施方案，对接展览项目中标单位、全过程咨询公司，协调项目实施过程中各项事宜。每周组织召开工作例会，适时召开专题会议、专家论证会等，负责草拟项目相关的报审材料，以及项目各支付节点的办理。

（2）展览主创组。引入考古学、历史学、文物与博物馆学等学科知识背景的人员，并进行分工。"广西古代文明陈列"每一部分有专门的主创人员，分别为韦玲（负责"广西古代文明陈列"第一、三部分）、陈紫茹（负责"广西古代文明陈列"第二部分）、李世佳（负责"广西古代文明陈列"第三部分，同时负责"合浦启航"）、黄秋雯（负责"广西古代文明陈列"第四部分）、蓝武芳（负责"广西古代文明陈列"第五部分）。每位主创人员具体负责提供与展览相关各项资料、创作素材等；配合建设单位进行内容大纲调整及确认（包括大纲图文资料确认、文物清单确认、重点展项及独立展项脚本确认）；对接联系指导专家，审核把关各项内容材料；对各设计环节，尤其是展线安排、展品摆放、场景设计制作、多媒体脚本内容、沉浸式互动体验项目等提出需求、审核把关；负责文物展品点交、布展等工作。

（3）形式设计组。由馆内形式设计团队人员组成，负责展览形式设计各项工作，审核把关总体平面布局深化设计、各展示空间的平面布局深化设计、空间形式深化设计等；审核把关基础装修、标准版面（各级标题、标准图文展板等）施工、立面版式设计、文物陈列设计、场景微缩样稿、雕塑泥稿、绘图小样、多媒体样片、展墙制作、展柜制作、展托制作、说明牌制作、沙盘制作、场景制作、艺术品制作、装置制作、多媒体制作、展陈灯光制作等。

（4）文保组。由馆内文物保护专业人员组成，负责文物保护各项检查把关，具体负责展厅环境监测系统和设备、展柜恒湿系统的检查、调试、验收，负责待展出文物检查、修复、保护等工作。

（5）藏品组。由各库房管理员组成，负责文物展品准备各项工作，协调展品调整、文物出库、布展，审核把关展品诠释等工作。

（6）安全管理组。由安全管理部人员组成，负责展览项目全流程实施过程中的安全保障，负责展厅监控系统的布设，协调水、电、暖通改造、安装、调试等事项，负责门禁系统等的安装对接，负责借展文物的押送运输，参与文物点交、布展等工作。

（7）宣传教育组。由宣教部人员组成，负责展览的讲解及宣传教育的内容跟进，及时根据内容大纲修改情况对讲解词进行修正，组织展览讲解相关工作，对展览的宣传教育重点、亮点进行提炼，负责展览宣传报道等工作。

（8）文创组。负责研发陈列展览相关文创产品。

（9）信息保障组。由信息资料中心人员组成，负责协调项目数字化设备集成规划，做好相关测试、检验。

（10）指导专家组。聘请各高校、科研机构相关领域的专家组成，负责审读内容大纲，指导审核与展览内容相关的各项材料；审核把关展品、展项诠释等工作。

（11）全过程咨询组。由馆里招标的全过程咨询公司人员组成，负责展览全生命周期的项目管理、设计咨询、项目监理和造价咨询工作；协助工作组统筹、协调倒排工期实施方案和展览全流程的实施。人员构成有项目总师、设计咨询人员、给排水专业工程师、暖通专业工程师、电气专业工程师、总监理工程师、造价咨询人员等。其中，设计咨询人员负责统筹设计进度计划编制和审核；协调项目业主完成对设计方案、施工图的审查工作；统筹负责设计错漏、疑难问题分析咨询工作；完成设计方案、施工图论证会的咨询服务工作，限额设计的技术指导、协调工作，设计成果的审核和响应性修改、变更的复核。项目监理负责各个展厅的深化设计与布展实施，包含展厅基础装修、陈列布展、灯光系统、多媒体系统的深化设计，并对制作布展等内容的质量、进度进行控制，对合同、信息进行管理，对各方关系进行统筹监理；配合建设单位审核施工图预算、施工造价咨询审核（即项目量及项目款拨付审核，项目设计变更、索赔及签证审核）、竣工结算审核。

我们努力从各业务专业领域，建构起一个结构合理、工作高效的团队，确保了广西博物馆改扩建展览工程项目如期、有序、高效、安全完成。

（三）展览配套项目的准备

首先，宣传推广的前期准备。由广西博物馆宣教部牵头负责，编制了"广西博物馆新馆开放宣传总体规划"和"广西博物馆讲解服务体系提升计划"，其中，"广西博物馆新馆开放宣传总体规划"明确了宣传目的、对象分析、热点分析、策略和执行规划。"广西博物馆讲解服务体系提升计划"方案中编制了讲解人才梯队建设计划、"专家型"讲解员培养机制、红色讲解员培养计划、志愿者讲解员队伍提升计划、讲解员队伍扩充计划等。此外还针对专业观众、学生群体、旅游团队观众、老年人观众／特殊人群观众编制了服务要素列表，为开展多层次的讲解服务做好准备。同时，对提升智能讲解服务体系、完善规章制度、拓宽队伍职能等方面做了计划安排。

其次，社会教育的前期准备。由广西博物馆宣教部牵头负责，编制了"广西博物馆青少年研学教育工作规划"，包括规划背景、依据、原则、范围、目标、思路、空间资源、内容依据、目标受众、理论依据、布局、长期方向等12项内容。重点规划空间资源和规划布局，对青少年活动中心、儿童考古探秘馆、展厅和室外文物苑等区域，以"幼儿园—小学低学段—小学高学段"学生为目标参与者进行规划设计；同时根据每个主题的内容，设计其他教育项目类型，如馆校合作、研学夏令营、自主参与体验学习等，满足不同参观人群的需求。

最后，文创开发的前期准备。由广西博物馆文创中心牵头负责，编制了"文创产品开发工作实施方案"。一是充分与主创人员沟通，熟悉展览内容及重点或特色文物，明确文创产品开发的方向，以展览配套文创先行为工作原则，展前展中开发不同系列文创，展前文创以小而精为主，主要用于配合展前宣传、展览预热，展中文创以创意和内涵为核心，配合展览讲好故事，实现"让文物活起来"。二是开展市场调研，横向调研全国博物馆文创产品开发现状，尤其关注"网红"、爆款产品，学习成功经验；纵向调研国内外文化创意产业市场状况，及大众最喜欢的文创产品或销量好的文创产品，分析成功缘由。三是系统规划广西博物馆文创产品开发，制定产品开发方案，完成文创调研以后，针对展览深挖文化内涵，融入地域文化，进行系统性的创意融入和产品规划，包括梳理明星文物、产品对标人群、产品定位、核心卖点、推广和运营的适宜点位等等。

除了宣传推广、社会教育、文创开发等项目的前期准备，我们还配合陈列展览同步编制了展品征集计划、展出文物筹备工作方案、展厅环境监测系统设施设备采购计划、馆外文物借展工作计划、区外博物馆调研计划、展厅施工及布展安全管理工作方案、智慧化博物馆（展览工程项目配套）实施计划、临时文物中转库设施设备采购计划等。

二、"广西古代文明陈列"：彰显中华民族多元一体中的广西作用

广西是我国少数民族人口最多的自治区，沿江、沿海、沿边，是与东盟陆海相连的唯一省份。千百年来，八桂山水孕育了"特点鲜明，和而不同"的广西古代文明，它成为源远流长的中华文明的有机组成部分。为更好地带领观众发现广西文化魅力，领略广西文化精髓，体悟中华文明的博大精深，广西博物馆经过多年努力，在新馆开放之际隆重推出"广西古代文明陈列"。

该陈列是广西博物馆新馆展陈体系中体量最大的一个基本陈列，也是第一个较为系统、全面反映广西古代历史文化特色和文明演变进程的基本陈列。"以物说史""以人为本"是这个陈列的核心特点。在内容设计上，我们从文物入手，结合文物的特征、历史线索和文化内涵来进行主题思想的提炼、展线的安排及展览的阐释，充分利用中华文明探源工程的学术研究成果，以增强文化自信和铸牢中华民族共同体意识为目的，以点带面，串珠成链，多线并举，在展现古代广西的发展历程中，彰显广西在中华民族多元一体格局中的重要作用。在形式设计上，我们坚持从观众的视角和需要出发，运用丰富的博物馆陈列语言和科技创新手段，实现内容和形式的良好结合，从细节着手，用科技和艺术手段生动、直观地展现文明文化内涵，并为观众提供多元、舒适、惬意的博物馆观展体验。

（一）以物说史——"广西古代文明陈列"内容设计解析

习近平总书记指出："文物承载灿烂文明，传承历史文化，维系民族精神，是老祖宗留给我们的宝贵遗产，是加强社会主义精神文明建设的深厚滋养。"[1]用文物实证历史，用文物讲述中国故事、阐释中国文化、弘扬中国精神，促进中华优秀传统文化创造性转化、创新性发展，是博物馆的历史使命、社会使命。

1.策划背景：新时代新发展新要求

广西位于祖国西南边陲，少数民族人口占比37.52%，是我国少数民族人口最多的自治区，民族团结工作责任和意义重大。2021年4月，习近平总书记在视察广西时指出："广西是全国民族团结进步示范区，要继续发挥好示范带动作用……各族人民要心手相牵、团结奋进，共创中华民族的美好未来，共享民族复兴的伟大荣光。"[2]为做好新时代民族工作，广西壮族自治区第十二次党代会把"铸牢中华民族共同体意识"列为"三个共同愿景"之首，把建设铸牢中华民族共同体意识示范区纳入建设壮美广西目标任务体系。专门出台决定推动铸牢中华民族共同体意识示范区建设，部署开展建设铸牢中华民族共同体意识示范区三年行动计划等。2022年8月，广西壮族自治区党委宣传部等8部门联合印发《关于推进广西博物馆改革发展的实施意见》，提出了"争创中国特色世界一流博物馆"主要任务，中心任务是"推进广西博物馆事业的高质量发展""铸牢中华民族共同体意识"。

在这一背景下，广西博物馆作为广西最大的历史文化遗产收藏、保护、展示、研究和宣传教育中心，在筹划新馆展陈体系，尤其是在考虑基本陈列的定位、目标时，始终坚持正确的政治方向，深刻把握新时代党的民族工作的内在要求，将习近平总书记的指示精神贯彻到陈列展览策划、实施的全过程。

同时，广西作为我国边疆少数民族地区，有着悠久、灿烂、独具特色的历史文化，但过去由于场馆空间、面积的限制，我们一直没有办法筹办一个能够全面、系统反映广西波澜壮阔的历史文明的通史陈列。借着广西博物馆改扩建的契机，筹办这样一个基本陈列，创新展览展示，做好优秀文化的宣传教育工作，是我们推进博物馆事业高质量发展的具体举措，也是对新时代新发展新要求的直接回应。

2.主题思想：结合馆藏文物特征进行提炼

对于一个大型的通史类基本陈列，文物展品是陈列的基础，因此在策划和筹备这个陈列时，做好文物和历史文化的研究是重中之重。好在自 1934 年建馆以来，一代又一代的研究人员做了大量基础研究工作。尤其是 1964 年成立了文物工作队后，考古发掘收获丰硕，不仅使馆藏文物在年代上得以接续，而且文物研究趋向系统、深入，为通史陈列提供了丰富的文物展品、考古资料和坚实的学术支撑。因此，"广西古代文明陈列"也可以说是数代广西文博人考古和研究成果的体现，是我们得以进一步探寻历史源流的基础。

广西博物馆拥有馆藏文物近 10 万件 / 套，其中的古代文物大部分是遗址出土文物，文物年代跨度从 80 万年前到元明清时期，分别代表了不同阶段广西古代历史文化的特点特色。

广西旧石器时代遗存十分丰富，已发现众多的古人类化石和巨猿化石，在探索人类起源和远古文化方面取得了举世瞩目的成就。同时，广西百色盆地出土的旧石器数量惊人，而且包含众多的手斧，其他旧石器种类如手镐、砍砸器、刮削器、薄刃斧、石锤、石核、石片等也较为齐全。广西已发现的新石器时代遗址点也有 200 余处，我们收藏了一大批新石器时代文化遗物，其中包含的洞穴遗存、石器加工遗存、贝丘遗存、大石铲遗存等，都是极富地域特色的代表性文化。先秦时期，广西迈入文明新阶段，本地的西瓯、骆越族群拥有独特的青铜文化，同时也受到中原、楚、滇文化的影响。武鸣马头元龙坡、安等秧，平乐银山岭还有田东南哈坡、大坡岭战国墓等，以及各地岩洞葬，都出土了大量能够反映早期文化交流的珍贵器物。除了青铜器，我们还收藏了不少先秦时期极富越文化特色的几何印纹陶，这些几何印纹陶的花纹装饰，如夔纹，很可能是在中原地区青铜文化影响下发展起来的。

　　秦汉时期，随着广西纳入中原王朝版图，广西城池迅速发展。目前已得到发掘、确认的秦汉至南北朝城址有 28 处，各城址丰富的遗迹及大量出土遗物，为我们研究秦汉时期广西社会政治、经济文化面貌提供了丰富的资料。此外，广西秦汉时期的墓葬非常丰富，尤其是汉代墓葬，历年发掘的数量已超过 2000 座，大量汉代随葬器物成为广西博物馆收藏的大宗。在这些器物中，有青铜器如铜鼓、羊角钮铜钟等，有陶瓷器，还有漆器、纺织工具木器、玉器等，涵盖汉代社会、经济文化生活的方方面面。同时，西汉中期以后，这些器物的越文化特征逐渐减少，汉式或者汉越融合的特征则明显增多，反映出了当时汉越文化逐渐深度融合的社会面貌。此外，西汉中期至东汉时期，广西汉代海上丝绸之路兴起，海外贸易繁荣，琉璃、髓珠等与海外贸易相关的器物的发现大幅增加，体现了广西汉代文化的开放性。广西三国墓、晋墓中出土的大量青瓷器，表明了三国两晋南北朝时期南北物质文化的界限更加模糊，经济文化在不断交流融合中渐趋一致。隋唐两宋时期，中央朝廷加强中央集权，在广西少数民族地区设置了众多羁縻州县。这一时期的广西兴修水利，桂柳运河、潭蓬运河、西坑运河开通，运河沿岸的文物见证了当时西南交通及海上丝绸之路北部湾航段的通畅与便捷。交通的通畅，带来了博易场贸易的兴盛，广西的冶银业、铸钱业、外销瓷等也在这一时期繁荣起来，这些变化反映的是开放发展的景象。

　　元明清时期，广西经历了从"土司制度"到"土流并治"再到"改土归流"的社会变革，经济、文化取得了新的发展成就。明嘉靖年间，瓦氏夫人率兵赴江浙沿海抗击倭寇，取得江泾之战等战斗的胜利。圩市经济激发了南北方农产品互通有无。学校和科举制度逐步推广，文化教育得到普及，更多少数民族人士入仕为官。广西为捍卫统一的多民族国家做出重大贡献。由于历史客观原因，我们收藏的这一时期文物较少，但这一时期的文化遗产，有相当部分仍留存至今，如各类土司遗址、桂林靖江王府、北海白龙城、容县真武阁等。

通过梳理各个时期的遗址遗迹和出土文物的特点，我们欣喜地发现，我们有较为充足的文物和内容体量来支撑起一个通史陈列的建设。这些文物的年代包括了史前时期、先秦时期、秦汉三国两晋南北朝时期、隋唐两宋时期、元明清时期，每个时期都有代表性文物及精品。此外，自先秦时期以来，各个时期的文物都留存着多元文化交流、融合的印迹，这正是历史上广西先民秉持中华民族共同体意识和大一统理念的最好见证物。我们希望能够以此为基础，用博物馆的陈列语言，讲好这些文物背后的故事，做好阐释工作，以此弘扬优秀历史文化，增强文化自信，铸牢中华民族共同体意识。同时也希望这个陈列能够立足广西区位优势，成为东南亚了解中国的前沿阵地，为构建更加紧密的中国－东盟命运共同体作出贡献。

3.思路框架：以馆藏文物提供的历史线索为依据

馆藏史前时期的遗物以古人类化石和石器、陶片、骨蚌器等居多。目前广西所发现的古人类化石地点达 20 余处，是我国古人类化石分布最多、材料最为丰富的地区之一。大量的古人类化石，说明了广西是我国古人类活动较早出现的地区之一。其中的崇左木榄山智人化石年代距今约 11 万年，是目前东亚地区出现最早的早期现代人。而柳江人，是我国南方蒙古人种的共同祖先。史前石器方面，包括旧石器时代石器及新石器时代石器，其中最突出的是百色旧石器中的百色手斧及大石铲（图 3-1、图 3-2）等。百色手斧距今 80 万年，是旧石器时代的第一种标准化重型工具，代表直立人阶段石器制作的最高水平。大石铲则是史前石器制作的巅峰，其形态对称规整、制作精细、工艺精美，是稻作文

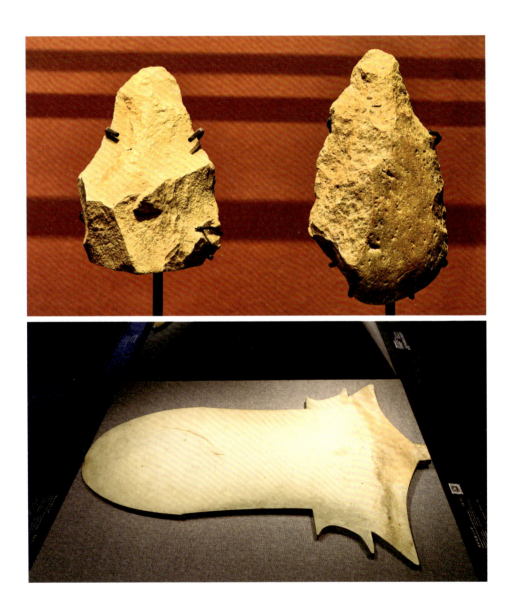

图3-1　展示重点：手斧文化的代表性文物（上）
图3-2　展示重点：大石铲文化的代表性文物（下）

明诞生的见证物，也是先人物质和精神生活的反映。史前陶片方面，年代最早的见于甑皮岩遗址，其中蕴含的双料混炼技术是广西陶器产生的基础，广西新石器时代晚期的感驮岩遗址出土了完整的陶釜。骨蚌器方面，以贝丘遗址出土的最多，是新石器时代广西贝丘文化的见证。从史前时期古人类化石及各类文物所提供的信息来看，广西的历史非常悠久，可追溯至 80 万年前。在这段漫长的历史长河中，广西的远古人类创造了灿烂的手斧文化、大石铲文化、贝丘文化，这些都被列为我们展示的重点内容。因此，我们把史前时期的文物，作为陈列第一部分"文明曙光"的展品，讲述广西古代文明"悠久"的特点。下设五个单元，第一单元是"人类远祖"，展示广西的古人类探源研究成果；第二单元是"破石谋生"，讲述史前广西先民对于石器工具的利用，系统展现了石器从旧石器时代到新石器时代的变化，并突出百色手斧；第三单元是"岩洞栖息"，以甑皮岩遗址和鲤鱼嘴遗址为代表，讲述新石器时代早期广西先民的洞穴生活，在这里重点介绍陶器及块茎类农业的产生；第四单元是"采贝捞螺"，主要展示贝丘文化，分为洞穴贝丘、海滨贝丘和河岸贝丘来叙述；第五单元是"磨石种稻"，讲述了广西先民对野生稻的利用、稻作文明的诞生，重点突出大石铲文化。

　　馆藏先秦时期的文物主要分属于当时的西瓯和骆越两个族群，具有鲜明的族群特色。同时，由于从先秦时期开始，广西与中原和周边地区往来逐渐频繁，大量具有不同地方文化因素的精美器物出现，如：兽面纹提梁铜卣、牛首纹提梁铜卣等，为典型的中原器物，出土于广西中部今南宁市武鸣区，表明中原文化的影响在商代晚期已经抵达广西腹地；兽耳变形蝉纹铜罍、蟠虺纹铜鼎、蛇蛙纹铜尊等楚式器，在广西陆川、恭城、平乐、宾阳等地出现，表明楚文化对广西的影响极为广泛；大岭坡铜鼓为云南万家坝型铜鼓，出土于广西西部百色市田东县……这些文物充分说明了先秦时期广西与中原文化、楚文化、滇文化的交流（图3-3）。这种交流也使得当时的西瓯和骆越族群的文化既有自己的地方特色，又富有多元和包容的文化特点。因此我们将第二部分命名为"瓯风骆韵"，

图3-3　重点展示：战国时期的几何印纹陶

下设四个单元：第一单元是"兼容并蓄"，展现中原、楚、滇等地文化对广西的影响；第二单元是"瓯骆齐辉"，展现两个族群独具特色的文化；第三单元是"壮美岩画"，重点展示骆越人所绘制的左江花山岩画；第四单元是"神秘岩葬"，展示先秦时期广西本土的特色葬俗——岩洞葬，它是广西先民精神和信仰生活的一种具象化表现。

　　馆藏秦汉至三国两晋南北朝时期的文物非常丰富。"羼陵"铭铜矛、"江鱼"铭铜戈等，是秦开五岭的历史见证。随着秦统一岭南，郡县制在广西全面推行，广西的城池迅速发展，近十年的城址发掘工作，提供了丰富的考古物证。同时，伴随着郡县制的发展，移民南下"与越杂处"。统治者实行的"和辑百越"等政策，极大促进了广西汉、越民族的沟通与融合。越汉文化交融的迹象在丧葬礼俗、政治制度、生活习俗等方面均有所反映。贵县（今贵港市）发现的罗泊湾一号墓、岭脚村

图3-4 展示重点：铜鼓文化的代表性文物

三国墓等出土的大量文物，就反映了汉越文化的深度交流与融合。因此我们把第三部分命名为"多元一体"，下设六个单元。第一单元"凿通灵渠"，是重点展示的内容，讲述灵渠开通的历史意义及其技术价值；第二单元"设郡筑城"，集中展示了一批秦汉至南北朝时期的重要城址资料及出土文物；第三单元"汉越交融"，从丧葬礼俗、政治制度、生活习俗等方面来反映汉越的交流与融合；第四单元"钟鼓和鸣"，重点展示广西的铜鼓文化（图3-4），以及南北乐器在当时的共同使用所反映的文化方面的交流与融合；第五单元"百业俱兴"，通过大量与农业、手工业相关的器物来展现当时广西经济社会的大发展、大繁荣；

图3-5 展示重点：锤揲鎏金银摩竭

第六单元"扬帆出海"，通过来自域外的玻璃器皿和珠饰等贸易奢侈品，讲述广西在古代海上丝绸之路中的独特地位。

　　馆藏隋唐五代至两宋时期的文物，以铜印、铜钱、银器、瓷器为主。其中，"武夷县之印"铜印，是唐王朝在岭南地区置州设县实行统治管辖的证明。铜钱来源包括梧州元丰钱监遗址出土的，以及桂林、临桂、永福、平乐、贺州、浦北、马山、南宁、扶绥、龙州等地的窖藏，以宋代钱币为主，是广西宋代商品经济的见证。当时广西百色横山寨博易场是西南地区重要的商贸中心。银器主要为当时岁贡及地方官进奉朝廷之物（图3-5）。瓷器包括青瓷和青白瓷，其兴盛主要得益于海外贸易及博易场的繁荣。广西宋代瓷业的规模、技术、品种、品质，均超越了以往历代，填补了古代制瓷工艺的地区空白。此外，馆藏还有一批珍贵拓片，包括《荔子碑》拓片、《范成大鹿鸣燕赋诗》拓片等，这些拓片见证了唐宋时期广西社会人文、教育的发展。因此，我们将第三部分命名为"经略有方"，下设六个单元。第一单元"肇建广西"，讲述作为行政区域的广西的雏形开始形成及"广西"之名的确立；第二单元"修渠开河"，主要讲述桂柳运河、潭蓬运河、西坑运河的开通，它们的开通促进了广西江河与海洋相连；第三单元"冶铸博易"，主要讲述广西铸铜、铸银、铸钱业的发展及各大博易市场的繁荣；第四单元"兴举瓷业"，主要讲述唐宋时期广西青瓷、青白瓷的分布区域、技术、品质等；第五单元"崇文重教"，主要讲述唐宋以来广西文化教育的发展，以及文人墨客流寓广西留下的名篇佳作；第六单元"胜览风物"，主要展示广西重要的摩崖石刻、地志史籍及佛道造像。

　　馆藏元明清时期的文物，以土司相关文物为主，它们是元明清时期中央朝廷在广西实施"土流并治"的见证。但总体来说这时期的文物较少，因此在展示方式上，我们综合使用了图版、场景复原、造景、模型、互动屏幕及雕塑等多元手段。我们把这一部分命名为"边疆巩固"，主要想表现适宜的民族政策对于边疆管理和社会发展所发挥的作用，以及广西为捍卫统一的多民族国家做出的重大贡献。这部分下设四个单元。第一单元"土流并治"，主要讲述当时的土司治理和流官治理情况。第二单元"安业养民"，表现农业和手工业经济的全面开发。这一内容虽然没有文物展品，但我们复原了明清时期广西最大型的圩镇之一——大圩圩市，依托于圩市场景，讲述明清时期广西圩市贸易的发展，广西米、珍珠、盐等产品随着物流通道输往四面八方。第三单元"桂筑华章"，主要展示广西遗存的明清古建筑，它们以真武阁（图3-6）、合浦大士阁等全国重点文物保护单位为代表。第四单元"文教兴盛"，具体讲述明清时期广西官学、私学、家学教育的发展，以及介绍广西为国家所培养的著名学者、教育家、

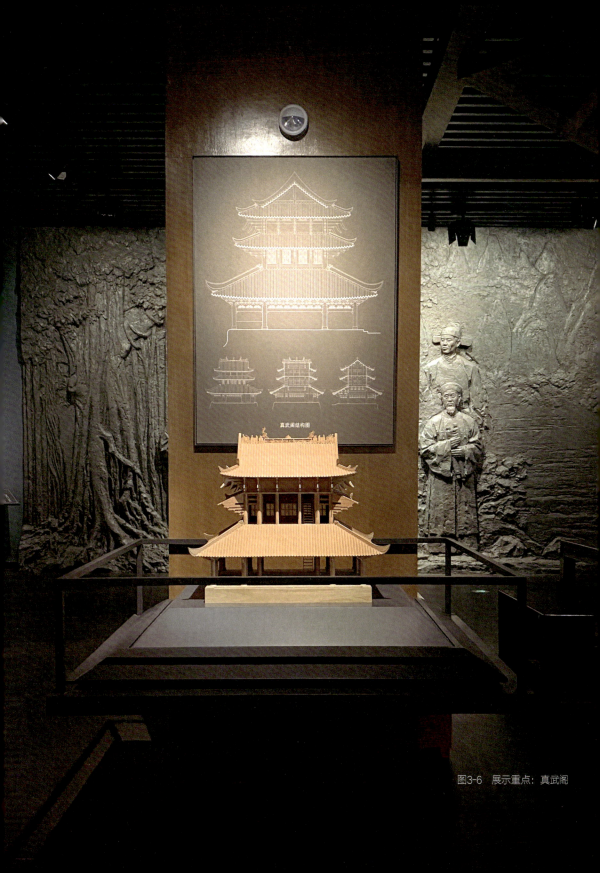

图3-6 展示重点：真武阁

图3-7　展览内容创作团队

军事家、政治家、艺术家等人才。

　　综上，根据不同历史时期馆藏文物的特点，我们将整个陈列展览划分为五个部分，每个部分的展示内容各具特色，且各有不同侧重。所涵括的文物材质品类和文化内涵也极为丰富。

　　根据这五个部分的编写需要，我们组建了一个内容创作团队（图3-7）。韦玲负责第一部分的内容撰写，陈紫茹负责第二部分的内容撰写，李世佳和韦玲负责第三部分的内容撰写（秦汉至三国两晋南北朝时期的展线较长，文物展品较多），黄秋雯负责第四部分的内容撰写，蓝武芳负责第五部分的内容撰写，韦玲负责整个陈列文本的统稿，曾旭协助大家进行文物资料的整理、校对等工作。

为了使各部分的创作风格和体例基本统一，减少统稿的负担，我们在创作过程中，定期进行小组讨论并参照《博物馆展览内容设计规范》（WW/T 0088-2018）及《文物展品标牌》（GB/T 30234-2013）等规范文件，确定编写体例。小组大约每个月进行一次例行交流会议，平常也会随时沟通，特别是对年代跨越不同部分的文物展品，大家都会进行协商，确定其位置归属。内容创作团队成员主要来自广西博物馆陈列研究二部及广西古代海上丝绸之路研究中心。在新馆陈列展览总项目中，大家除了主要负责"广西古代文明陈列"的撰写，还兼顾其他展览的创作，每人身上平均承担着两个以上陈列展览任务，工作量极大。但每个人都持续在自己负责的领域里进行专项研究和深耕，几年下来，也对自己所编写的内容时段有了较深的了解、研究和积累。

同时，为了确保内容的专业性和科学性，我们也分别为每个部分请了一位特别的专家来把关。第一部分由广西文物保护与考古研究所的谢光茂老师进行总体审核把关；第二部分由广西文物保护与考古研究所的杨清平老师进行总体审核把关；第三部分由广西民族大学的熊昭明教授、广西师范大学的周长山教授进行总体审核把关；第四部分由广西文物保护与考古研究所的谢广维老师进行总体审核把关；第五部分由广西师范大学的廖国一教授进行总体审核把关。北京大学的宋向光教授对全文进行了审读和修改。在编写、修改的过程中，内容主创人员常向这些专家请教，定期请他们对文本进行审核。此外，广西博物馆老一辈的陈列和研究专家，如蒋廷瑜馆长、黄启善馆长、吴伟峰馆长、郑超雄研究馆员等，对于我们在编写过程中提出的问题咨询，都给予了耐心的指导、建议，并提供珍贵的照片资料，给了我们很大的帮助。

从 2010 年 8 月 16 日第一次召开结构性大纲论证会以来（图 3-8），尤其是改扩建项目正式立项后，我们召开了数十次专家咨询、论证会议（图 3-9、图 3-10），超过 60 位专家对内容文本进行审核，提出修改意见，奠定了陈列的学术基础，并保证了内容的准确性、科学性和知识性。

图3-8 "广西通史陈列"结构性大纲论
证会（上）
图3-9 专家咨询、论证会（1）（中）
图3-10 专家咨询、论证会（2）（下）

4.多线叙事：侧重文化性和精神性的表达

在展示内容上，我们消化吸收了大量历史研究、考古研究和文物研究成果。内容体系涉及古代人类社会生活的方方面面，为了更好地向观众展示，我们选择了以时间线为中心、多线并举的方式来讲述这些方方面面的内容和故事。由于陈列的时间线长达 80 余万年，主题宏大，文物种类丰富、数量众多，为确保条理清晰，我们沿用了通史陈列线性叙述的模式，也就是以时间线为主线，故事线为副线；在内容叙事上，则以经济社会发展线为主，辅以文化交往交流交融线。

展览时间线从 80 万年前的史前时期延续至清代，展现广西古代社会发展演变的进程。第一部分为史前时期，第二部分为先秦时期，第三部分为秦汉至三国两晋南北朝时期，第四部分为隋唐五代至两宋时期，第五部分为元明清时期。在中国的大时空背景下，我们检索了每一个时期广西历史发展历程的重要节点，勾勒了区域文明的发展轮廓，以此展现广西古代文明发展的特点特色。

故事线则讲述了广西先民早期洞穴生活的故事，打制石器的故事，发明陶器的故事，栽植块茎类作物的故事，走出洞穴搬到河谷平原滨海居住的故事，大石铲的故事，屈肢葬、肢解葬、二次葬、岩洞葬的故事，西瓯和骆越族群的故事，花山岩画的故事，开凿灵渠的故事，翔鹭纹铜鼓的故事，铜凤灯的故事，大铜马的故事，荔子碑的故事，智城峒的故事，摩竭鱼的故事，《元祐党籍》碑的故事，瓦氏夫人的故事，真武阁的故事，陈氏家族的故事，等等，用一个个故事来串起整个历史发展进程，丰富陈列的展示内容。

社会发展线展示了广西先民生活的变化，包括居住形式、衣着服饰、农业生产、陶瓷器烧造、冶炼铸造等方面的变化。在居住形式上，从洞穴到干栏式房屋再到城楼、城堡；在衣着服饰方面，从用石拍制作树衣到用骨针缝制兽皮衣，再到学会用织布机织布、织造壮锦，从使用贝壳作为装饰品，到使用玉石装饰、玻璃珠宝装饰、金银装饰等变化；在农业生产上，从距今 1.6 万年的娅怀洞人食用野生稻到距今 1.1 万年至 7000 年左右甑皮岩块茎类农业的发展，再到距今 5000 至 4000 年左右稻作文明的产生，以及汉代广西出现的二季稻、优质籼稻、牛耕、蓄肥、铁器工具等，这些发展变化影响至今；在陶瓷器烧造方面，从距今 1.1 万年前甑皮岩先民发明的陶雏器到几何印纹硬陶阶段技术的提升，再到汉代陶器种类的多样化、青瓷的产生，以及唐宋以后外销瓷器的繁盛，广西陶瓷烧造技术不断成熟发展；在冶炼铸造方面，先秦时期的广西先民就已掌握青铜器和铁器的制造技术，西汉早期已能制作出精美的翔鹭纹铜鼓，拥有独特、先进的青铜錾刻工艺，唐宋时期的广西成为贡银之地，等等，展示了广西先民的聪明才智及古代社会的发展进步，为文化自觉、文化自信提供实证。

文化交往交流交融线则讲述了广西先民与周边民族、中原地区人员往来，以及经济文化交流互鉴的历史事实。春秋战国时期，广西为百越之地，西瓯、骆越等族群在此劳作，他们以和而不同、包容开放的姿态，开启了与周边和中原地区的族群交往交流交融的历史，中原文化、楚文化、滇文化及本地西瓯、骆越文化在此呈现多元和繁荣的景象。秦汉时期，灵渠连通南北，广西进入中华"大一统"格局，大量中原移民南下"与越杂处"，带来了先进的技术和文化观念，各民族交流交往日益加深，多元文化融合创新。与此同时，广西还作为海上丝绸之路的始发地，开启了中外经济文化交流的新篇章。

通过多线并举，展览既实现了知识的传递，也强化了文化性和精神性的表达。表现方式更为复合、立体，从不同侧面反映广西古代文明面貌。

5.阐释模式：文物与主题并重

在展品的阐释上，我们采取了文物与主题并重的阐释模式，体现了对学术研究成果的运用。

在文物说明牌上，我们首先进行描述性的阐释。观众对陌生事物的认知是从它的外观、细节开始的，从这个意义上来说，描述性阐释是一项基础性工作。但展览中的器物描述和我们在考古中基于类型学的器物描述是不同的，前者面向的是普通大众。因此，在器物的描述上，它应该是在综合现有研究成果的基础上所进行的深入浅出的介绍。

在描述性阐释的基础上，我们也侧重对器物进行文化内涵的阐释，以此来呼应展览的主题。例如，第一部分最后一件展品骨牙璋。我们的这件骨牙璋，其形态和夏商时期中原地区的牙璋接近，明显受同时期牙璋影响。说明了大约在新石器时代晚期至青铜时代早期，广西南部就与中原地区有比较密切的联系。此外，牙璋在国内外不少地方都有发现，除河南偃师二里头遗址、陕北神木石峁遗址外，四川广汉三星堆遗址、越南北部的冯原文化等也有。在如此广袤的土地上，有如此形态相同和功能相似的典型器物，可见，牙璋文化的影响力在当时已经跨越黄河和长江流域，遍及东亚大陆，证实了中华民族乃至亚洲族群是这样一个多元、有机的整体。

除了说明牌，我们综合使用了展板、语音导览、二维码等形式。不同形式所承载的内容信息是不同的。通过采用多种手段来强化文物阐释和主题阐释的关系，希望能建立起适应公众需求的阐释机制，从而使考古文物最大化地发挥社会价值。

例如西汉时期的羽纹铜凤灯，在描述性阐释中，我们介绍了它们的外观、用途。在文化内涵的阐释中，我们紧扣展览的主线"铸牢中华民族共同体意识"，从凤凰所代表的文化寓意入手向观众进行介绍。凤的形象来自中原文化，凤体上精雕细琢的羽毛，使用的是当时岭南西部独有的錾刻工艺。这种工艺也是广西地区工匠对中国青铜工艺的重大贡献。铜凤灯的制作，寄托了广西工匠对中华民族"天下大安宁"的美好愿望，也反映了西汉时期本地文化与中原文化交相辉映和融合发展。在展板上，我们还使用多媒体动图来演示铜凤灯消除烟尘的环保功能。同时也对比介绍了国内其他地方出土的同类汉代环保灯具。

广西出土了很多汉代陶井模型。从这些模型来看，汉代的水井已经有了地台和井亭，地台可避免地面污水流入井中，井亭可避免风吹雨淋及落叶、垃圾等掉入井中破坏水质,说明汉代人民已经很重视饮水的清洁卫生。为了表现这一内容,我们不仅展示了陶井模型文物展品,还制作专门支架,将井亭升起展示,使其更加直观形象。同时,我们也参照了孙机先生所著的《汉代物质文化资料图说》,在文物展品背后的墙面图版上,增加了汉代辘轳井的样式和使用图示。我们的展览阐释系统涵括了实物、文字和图形等。

"钟鼓和鸣"是第三部分的重点展示内容。这一单元的设置主要目的是突出广西的铜鼓文化,彰显区域特色和民族文化。对这一内容的编写和设计,我们也进行了精心规划。新馆展陈体系中,还设置有专门的铜鼓数字化陈列,较为系统、全面地展示铜鼓相关信息知识。为了避免两个陈列的内容重复,我们在此单元的展示,以突出民族特色、文化交流融合及共同体意识为主。在实物的展示上,以翔鹭纹铜鼓为核心,围绕翔鹭纹铜鼓,我们选择了四种铜鼓类型,来表现铜鼓传入广西后"越来越大"的变化和特色。展出文物分别是石寨山型铜鼓、冷水冲型铜鼓、灵山型铜鼓和北流型铜鼓。这几面铜鼓,数量虽少,但极具代表性,显示出了广西古代铜鼓极高的工艺、技术、艺术价值。在翔鹭纹铜鼓后面的展柜,我们展示了一组与之相伴出土的音乐器物,包括羊角钮钟、半环钮筒形钟、铜锣、竹笛等。这些乐器中,木腔革鼓、筑等是从中原传入的,而铜鼓、羊角钮钟、半环钮筒形钟等具浓厚地方特色,但经过专业测音发现,这组音乐文物和铜鼓是能一起演奏乐曲的。它们共同反映了2000年以前岭南地区钟鼓和鸣、琴弦律动的场景,见证了南北文化艺术的深入交融。在整个单元的内容和展品设置上,我们既考虑了文物的年代特征,更围绕主题的阐释,考虑其类型、功能意义及文化内涵。

在总体的阐释上,我们充分吸收考古发现和研究成果,对文物和展览主题进行深入解读和拓展,使展览的文化性得以突出,区域和民族文化特色得以彰显。

（二）以人为本——"广西古代文明陈列"形式设计解析

　　"广西古代文明陈列"扩容升级，共展出3973件文物，展示面积1764平方米，"文明曙光""瓯风骆韵""多元一体""经略有方""边疆巩固"五大部分的面积分布相对均匀，因展出文物的数量以先秦到秦汉时期为最多，故"瓯风骆韵""多元一体"面积最多，分别是541平方米和367平方米。展线全长728米，实施的场景有甑皮岩人的生活、石铲祈年、龙窑、佛教造像、大圩圩市、真武阁六处，多媒体数字化展项有八桂春秋、柳江人之谜、块茎类农业的产生、广西新石器时代葬俗、骆越人的青铜铸造技术、翔鹭纹铜鼓等15项，油画和高浮雕等艺术品有瓦氏夫人抗倭、明清名人墙两处。"广西古代文明陈列"的形式设计寻求恰如其分的展览语境，用科技和艺术为广西历史文化焕发新的生机，让观众熟知的文物通过改陈重新焕发生机，将其最本质的历史文化内涵进行再现和还原，让观众在虚实交替中获得历史启迪。

1.展览多种要素的全方位融合

　　"广西古代文明陈列"积极调用各种平面、立面、空间的要素，营造协调统一的展陈综合体和视觉盛宴。

　　一是实现展览布局设计、展柜展台展托设计、装饰材料选择与改扩建建筑空间的融合。"广西古代文明陈列"使用陈列大楼的1号、2号展厅。1号展厅属于原馆舍的改建部分，面积1220.62平方米，立柱较多，且立柱与立柱之间的距离较近，仅4米左右；2号展厅位于陈列大楼的扩建部分，面积543.38平方米。两个展厅之间由廊道连接。作为广西博物馆改扩建展览中唯一一个贯通新旧馆舍建筑的基本陈列，"广西古代文明陈列"通过以历史发展进程为序的展览时间的推移、展览内容的行进，保证了新旧馆舍空间的关联性和连续性（图3-11）。以1号展厅第二部

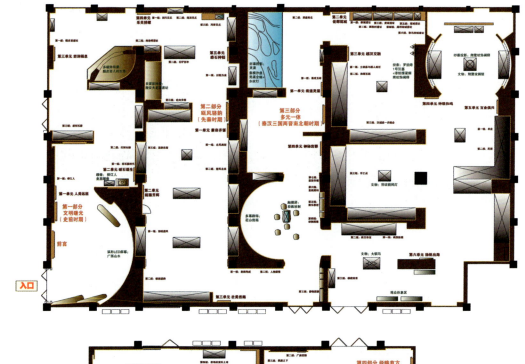

图3-11　"广西古代文明陈列"总平面布局

图3-12 "广西古代文明陈列"序厅设计效果

分先秦时期"瓯风骆韵"为例，我们针对展示文物的特点，在紧密的立柱之间摆设通柜，以特型壁龛柜寓意北风南渐、楚风北来、滇韵东渐"兼收并蓄"的展示内容主题。2号展厅空间显得开阔，比较适合放置净高超过3米的大型艺术场景，于是第四部分隋唐五代两宋时期"经略有方"的第四单元"兴举瓷业"设计制作了龙窑场景，第五部分元明清时期"边疆巩固"的第四单元"文教兴盛"设计制作了3.45米高的名人墙，巧妙地利用了展厅条件。

　　二是实现制作工艺与文物属性的融合。展出文物的材质以玉石、铜、铁、陶瓷、纸为主，辅助展陈的设计注重突出文物的材质和纹饰。铜鼓是中国古代南方少数民族及东南亚地区最具代表性的文物，广西铜鼓的数量最多、分布最广，广西博物馆的镇馆之宝就是出土于贵港罗泊湾汉墓的翔鹭纹铜鼓。把广西典型性文物的形状、轮廓和纹饰作为展览设计要素，这是贯彻展览始终的设计思想。展览序厅的天花板使用了翔鹭纹铜鼓鼓面的造型，整体采用透雕工艺，基材采用金属材质，厚度约1.0mm，表面为仿铜效果，让观众在序厅第一眼就看到铜鼓要素，看到广西显著的文化符号（图3-12）。

图3-13 翔鹭纹铜鼓上的纱幕

　　在第三部分秦汉三国两晋南北朝时期"多元一体"的第四单元"钟鼓和鸣"，不同于常规的单一文物呈现，我们让展项结合所在环形空间活化展示。对翔鹭纹铜鼓用"纱幕投影＋数字多媒体动画技术"展现，在翔鹭纹铜鼓独立展柜的上面悬挂了环形纱幕，并给纱幕再加上一半的投影布，让另一半的影像能够投射到独立展柜四周的墙面上（图3-13）。翔鹭纹铜鼓鼓面、鼓身、鼓腰的纹饰本身就动感十足，鼓面围绕中心太阳纹的有逆时针旋转的翔鹭纹，鼓胸有赛龙舟的船纹，六条船上各有 7—11 人不等，都在往同一个方向划行。鼓腰上是跳翔鹭舞的羽人舞蹈纹，跳舞的人戴着羽冠，模仿天上飞的鹭鸟舞动身姿。用纱幕投影的方式来展示翔鹭纹铜鼓的纹饰，是广西博物馆展览的首次尝试。翔鹭纹铜鼓鼓面、鼓身、鼓腰的纹饰被投射到环形纱幕和四周墙面，得以放大呈现，使静态的鹭鸟、划船的羽人、舞蹈的羽人彻底"动"起来、"走"起来，观众可以直观地感受到几千年前广西先民龙舟竞渡、集体欢庆的热烈气氛，还能与墙面映射的羽人、翔鹭进行互动，调动听觉、视觉多感官的丰富体验。

三是实现现场感与穿越历史时空感的融合。开凿于秦代的灵渠是当今世界上最古老、保存最完整的人工运河，发挥着海运相接的作用，被誉为"世界古代水利建筑明珠"。第三部分秦汉三国两晋南北朝时期"多元一体"的第一单元"凿通灵渠"制作了大型嵌地式灵渠沙盘，沙盘宽 × 高 × 厚的尺寸为 7125mm×7300mm×200mm，该电动沙盘采用超高亮 LED 灯光，并采用泥稿塑形玻璃钢翻制及浇筑的工艺制作。对灵渠，用仿真水纹亚克力喷漆制作出水面效果，水面下面安装流水灯，当灯光亮起，观众将感到仿佛荡漾在灵渠的碧波之上，并可以观看沿墙投影的视频介绍，了解灵渠的功能和作用。

2.形式设计语言的整体和连贯

"广西古代文明陈列"形式设计语言讲求诗性，要凸显历史的厚重感，对重量级文物均采用"展柜＋辅助展示"的手段，注重将历史人物、历史史实和事件、重要历史意义转化为视觉效能最佳的方式，以此保持形式设计语言的整体和连贯。

（1）视觉语言与符号

一方面，对视觉语言进行诗性再造，将感性的形象和思绪调动起来，形成富有诗意的表现形式，减少长时间整体观展的单薄、乏味和直白之感，增强美学韵味。序厅作为展厅的入口，是激发观众对展览产生第一印象的区域，观众往往会在这里做 10 分钟左右的停留，不仅观看展览前言，了解基本展示内容和主旨，而且通过序厅氛围，获得感受展览基调的首要体验。"广西古代文明陈列"序厅有 93 平方米，采用"大型环幕＋场景造型"的方式，营造沉浸式体验。弧形 LED 屏幕循环播放时长 1 分 3 秒的视频，内容包括广西山水、花山、灵渠、海丝首港，以及大石

图3-14　序厅影像与倒映画面的结合

铲、翔鹭纹铜鼓等展览重要文物的影像画面，用远景、航拍等镜头语言提高广
西各地文化遗产景观纵深感的展示，增强广西历史文化的震撼力和吸引力。弧
形 LED 巨幕两侧是抽象的广西山体造型，用视觉符号凸显广西山水风貌，左侧
玻璃钢翻制单体山形，仿花山岩体，山体表面是"广西古代文明陈列"的中英
文标题；右侧玻璃钢翻制重叠的山体，表面分别是花山岩画的人物图像和器物
图像，以及广西历史沿革；顶面是国宝级文物翔鹭纹铜鼓的透雕；地面是具有
广西地域特色的花岗岩石，弧形 LED 巨幕将画面倒映在地面上，给观众更加强
烈的沉浸之感（图3-14）。序厅集中呈现了根植于广西大地的博大精深、辉煌璀

璨的历史文化，传递广西人民的精神、智慧和力量。

　　我们将铜鼓纹饰和铜鼓要素作为广西特征的重要视觉符号，使其在展览中反复出现。序厅顶面是国宝级文物翔鹭纹铜鼓的透雕；在第二部分先秦时期"瓯风骆韵"的第三单元"壮美岩画"多幕剧场播放的视频中也出现铜鼓的器物图像；在第三部分秦汉三国两晋南北朝时期的"多元一体"的第四单元"钟鼓和鸣"，不仅突出展示国宝级文物翔鹭纹铜鼓的真品，更通过纱幕投影深化铜鼓纹饰的细节展示。

　　另一方面，营造历史的厚重感，让观众感受岁月的沧海桑田中积淀的深刻文化底蕴。"广西古代文明陈列"的讲述从80万年前出土百色手斧所在的旧石器时代到元明清时期，脉络清晰，五大部分突出广西"悠久、多元、融合、开放、向心"的历史文化内涵。为了用形式设计手段增强这些特质，序厅用玻璃钢翻制山体造型，前言用大理石等重型材料，第五部分元明清时期"边疆巩固"第三单元的"桂筑华章"打造仿真武阁的场景（图3-15），为突出真武阁第二层四根柱子悬空不着地、整体建筑没有一颗钉子的榫卯结构而采用实木搭建……历史厚重感扑面而来，让观众感受历史长河中的荣光和辉煌。

　　（2）重点文物突出展示

　　"广西古代文明陈列"对重量级文物均采用"展柜＋辅助展示"的手段，予以突出展示。

　　一是"独立展柜＋数字化动图"（图3-16）。博物馆的另一件镇馆之宝——羽纹铜凤灯，在首次双灯实物展示的同时，第一次用数字化动图的形式，直观地展现了灯具消除烟尘的工作原理，以线描的形式描绘了灯具上的錾刻花纹，又呈现了灯具的环保功能，直观表现凤灯灯芯点燃后，烟雾被吸入凤嘴，进入口腔、颈管、腹腔，并在腹中与水融合的过程。观众通过欣赏文物、阅读说明文字及观看动态影像，对铜凤灯的认识将更为全面和深刻。这两只铜凤灯的环保原理与河北满城汉墓出土的长信宫灯类似。动图旁边的展板上，还勾勒了几件其他地区汉代灯具的线图，分

图3-15　仿真武阁场景（上）
图3-16　羽纹铜凤灯的展示（下）

图3-17　甑皮岩洞穴场景

别是收藏于中国国家博物馆的西汉彩绘雁鱼青铜釭灯、收藏于南京博物院的东汉错银铜牛釭灯、收藏于湖南博物院的西汉铜牛形釭灯、收藏于南昌汉代海昏侯国遗址博物馆的西汉雁鱼青铜灯。通过比较来显示秦汉时期广西与中原及周边地区的联系日益紧密，文化交融的程度加强。

二是"平面展柜＋场景"。第一部分史前时期的"文明曙光"的第三单元"岩洞栖息"重点介绍了距今1.2万至7000年前的甑皮岩遗址。甑皮岩遗址位于桂林市象山区甑皮岩独山西南麓，它被评选为"中国百年百大考古发现"之一，是广西向世界展现中华民族"万年智慧"的历史文化名片。出于增大主通道宽度的考虑，我们在这一展区的墙侧制作了甑皮岩人生活场景，多媒体和洞穴场景共同讲述甑皮岩人的故事；制作了喀斯特地貌的岩洞形态，复刻了甑皮岩人的洞穴（图3-17）。

场景内的地面分为生活区和墓葬区：右侧的生活区架有火塘，石头灶上架着陶锅，锅里煮着螺蛳蚌壳，反映了当时甑皮岩人食蚌撩螺的饮食习惯；左侧微微隆起的墓葬区，是埋葬死去亲人的地方，反映了甑皮岩人"生死同穴"的观念，反映了先民对亲缘关系的重视。

投射到场景内的动画视频，刻画甑皮岩人的剪影形象，细化人物形象及动势，演示了史前人类的生活方式。甑皮岩人靠采集、渔猎和原始农业为生。清晨，他们迎着太阳走出洞穴，到林间狩猎、采摘成熟浆果，此处再现遗址出土的有柄石锤（穿孔砾石）、流星锤（盘状石锤）、长矛（石矛）、标枪、飞石索的使用情景；到河岸浅水区域捞取螺蚌、捕鱼，此处再现展出的骨镖、骨镞、骨锥、渔网、网坠等实体文物的使用情景；缝制衣物。日暮，甑皮岩人捕鱼、狩猎归来，在岩洞中生火，围坐在火塘边，烧煮食物，用陶器烹煮螺蛳，饱食美味。在日复一日的辛勤劳作中，甑皮岩人学会了制作工具、缝制衣物、烧造陶器、栽植块茎类作物，生存和实践能力不断得到提升和拓展。动画视频中还出现河岸上的亚洲象、漓江鹿、野生犀牛、水牛，山林间的虎、豹、熊、野猪等，表现了甑皮岩人所处的生态环境。视频还表现了甑皮岩人栽植的是已经出现嫩芽的块茎类植物残块，说明他们已经掌握了栽植块茎类作物的方法。

三是"通柜、平面柜+场景"。唐宋时期，广西瓷业蓬勃发展，瓷窑数量骤然递增，现留有以兴安县严关窑、永福县窑田岭窑、藤县中和窑、北流市岭垌窑、容县城关窑为代表的窑址。在第四部分隋唐五代两宋时期"经略有方"的第四单元"兴举瓷业"区域，制作了坡式龙窑的微缩场景，将展区高度局部提升，形成与龙窑形态相吻合的拱形天花板，局部复原1∶1龙窑剖面场景（图3-18），通过与窑内背景油画的衔接，形成极具视觉冲击力的展陈效果，让人仿佛穿越进入一个龙窑。左侧的大通柜展示了兴安县严关窑、永福县窑田岭窑出土的青瓷，藤县中和窑、北流市岭垌窑、容县城关窑出土的青白瓷。

图3-18　龙窑剖面场景

（3）重点叙事的转化

"广西古代文明陈列"注重将历史人物、历史史实和事件、重要历史意义转化为视觉效能最佳的方式，串联知识传播与艺术形象。

一是对历史人物的刻画。明代地理学家、旅行家和文学家徐霞客用脚步丈量中国，被称为"千古奇人"，1637年，农历闰四月初，徐霞客由湖南入广西。1638年农历三月底，从广西南丹入贵州。他在广西整整一年，足迹遍布广西大部分地区。徐霞客在广西的游历是其著作《徐霞客游记》中的重要构成部分，《徐霞客游记》全书60余万字，其中记述游历广西的《粤西游日记》差不多占了篇幅的1/3。

在展览尾声的展项"徐霞客游广西"触摸屏具有较强互动性（图3-19）。我们创作了清秀俊朗的徐霞客手拄竹杖、后背箱笼的卡通动漫形象（图3-20），传递出

图3-19　互动体验：徐霞客游广西（上）

图3-20　徐霞客动画形象（下）

图3-21   "徐霞客游广西"触摸屏画面

不畏风雨、与长风为伍、与云雾为伴的人物气质。观众可通过触摸屏点击徐霞客游历广西，遍览名胜的地点，了解徐霞客在广西游历的路线（图3-21）。点击地名后，会出现该地的自然风光和名胜古迹，以及《徐霞客游记》中关于此地的记载。这些名胜依次是柳州（"柳郡三面距江，故曰壶城"）、桂林漓江（"群峰逶迤夹之，此江行之最胜者"）、天等（"村界于其中，源长而土沃，中皆腴产"）、容县都峤山（"其峰北穹高顶，南分两腋，如垂臂直下，下兜成坞，而清塘一方当其中焉"）、上林县三里洋渡（"其山千百为群，或离或合，山虽小而变态特甚"）、崇左市黑水河（"四面碧峤濯濯，如芙蓉映色"）、南宁大明山（"于是北行陂陀间，西望双峰峻极，氤氲云表者，大明山也"）、靖西市三叠岭瀑布（"轰雷倾雪之势，极其伟壮，西南来从未之见也"）。

明清时期，广西培养和汇聚了一批德才兼备的文人学者，涌现出名垂青史的政治家、教育家、文学家、军事家和艺术家。这些历史人物灿若星辰，影响着广西历史社会的进程，是通史展中不得不书写的片段。第五部分"边疆巩固"只有245平

图3-22 名人墙

方米，为了在有限的空间内可以介绍这些众多的广西历史人物，我们采用了名
人墙的形式，艺术创作了 13 个高浮雕的人物形象（图3-22）。名人墙将人物分
为三排，第一排主要展现清代在绘画、文学领域的杰出人士，有吕璜、石涛、
周位庚、王鹏运、李秉绶。吕璜是清嘉庆年间进士，历官浙江庆元、奉化、山阴、
钱塘知县，为"岭西五大家"之一；石涛是明宗室靖江王赞仪之十世孙，清代
画家；周位庚融合巨然和清初"四王"诸家笔意，注重创新，晚年用赭墨斧劈
技法画桂林山水，开创山水画新途径，被誉为"广西山水画家第一人"；王鹏
运是晚清官员、词人，为"临桂词派"代表人物；李秉绶曾官居工部都水司郎中，

人亦称"李水部"，清代著名画家兼诗人，为"乾嘉十六画人"之一。

第二排主要展现治政廉为首、在官场清正廉明的杰出人士，分别是周琦、陈宏谋、陈继昌、蒋冕、张鸣凤。周琦是明成化年间进士，曾任南京户部员外郎，是著名的理学家，其著作《东溪日谈录》是明代重要的理学著作，同时也是广西的第一部理学专著；陈宏谋是清雍正年间进士，此后任地方官30余年，任职12省，历任21职，后进京任东阁大学士兼工部尚书、吏部尚书，授太子太傅衔，毕生好学不倦，著作宏富，被誉为"岭南儒宗"；陈继昌是陈宏谋曾孙，自幼深受陈宏谋家学影响，清嘉庆年间会试会元、殿试状元，是清代两个"三元及第"中的一个，也是中国科举史上最后一位"三元及第"者，官至江苏巡抚，政绩突出，也是著名的书法家和诗文大家；蒋冕与兄蒋昇同为明成化年间进士，同为尚书，蒋冕官至内阁次辅，著有《湘皋集》《琼台诗话》，是广西历史上走出的官位最高的官员，曾辅佐过四位皇帝；张鸣凤是明嘉靖年间举人，一生多处为官，游历广泛，著述颇丰，在文学和史学方面均取得较大成就，著有《羽王先生集》《桂胜》《桂故》，独纂修《广西通志》。

第三排展现明代李璧和王阳明、清代郑献甫。李璧是明弘治年间举人，浙江杭州府仁和县教谕，为人刚正不阿，救济窘急；王阳明是明代思想家、文学家、军事家、教育家，明嘉靖年间以左都御史总督两广兼巡抚，领兵进入广西，力促实行土流并治，在思恩、田州、南宁等地兴办学校、学院，发展教育；郑献甫是清代经济学家、文学家、教育家，历任刑部江苏、云南司主事，因不愿与贪官污吏同流合污，辞官还乡，著书教馆，被誉为"两粤宗师"。

名人墙上这些历史人物的形象虽然是虚构的，但是创作时参照这些历史人物的主要经历和相关文献，尤其是图像文献，力求人物形象的刻画逼真写实，具有鲜明的个性特质、职业特征和人格风范。以石涛为例，参考现藏于台北故宫博物院的清代《石涛自写种松图小照》中石涛清瘦的形象，名人墙上的石涛表现了与其他官员戴官帽、着官服截然不同的外貌和衣着，昂首望天，手执毛笔，身形清瘦，身着布衣。而蒋冕、陈宏谋、李璧、郑献甫等清官的形象则被塑造为目光笃定、腰背挺直、

图3-23   《瓦氏夫人抗倭》油画

一身正气。

　　二是对历史史实和事件的描绘。广西明代巾帼英雄瓦氏夫人抗倭反映了中华民族共同抗击外敌入侵、保家卫国的历史。瓦氏夫人在倭寇入侵我国东南沿海的危急关头，不顾58岁的高龄，亲自率领广西6000名俍兵驰骋千里，奔赴抗倭第一线，以"誓不与贼俱生"的气概冲锋陷阵，连歼敌兵，打破了倭寇不可战胜的"神话"，为保国安民立下了赫赫战功，被明嘉靖皇帝封为二品夫人。油画《瓦氏夫人抗倭》尺寸为180cm×120cm（图3-23），描绘了瓦氏夫人率军驰骋沙场抗击倭寇，正挥舞刀剑与迎面而来的倭寇搏杀的历史瞬间。这幅油画作品突破了以图版文字介绍人物的单一局限，把历史人物和重要历史事件关联和再现，能燃起公众对古代投躯身死为国殇的英雄前辈的敬仰之心。

三是对重要历史意义的表达。柳江人化石是中国迄今已发现的时间最早、头骨最完整的晚期智人化石。它的发现为研究中国晚期智人的体质特征、体质变化及人类的迁徙、扩散提供了极为珍贵的实物资料，但关于柳江人的研究，仍存在一些尚未解决的问题和争议。第一部分"文明曙光"的第一单元"人类远祖"中互动触摸屏的内容为"柳江人之谜"，对柳江人的体质特征、性别、身高、体重、脑容量、住在哪里等问题进行了启发式介绍。

3.用设计巧思弥补展陈缺憾

"广西古代文明陈列"用设计巧思弥补展陈缺憾，制造出其不意的新颖效果。

一是对展示内容对应文物少的情况，通过制作展品展项来补充。比较明显的是第五部分元明清时期，这部分的文物集中在思明府黄氏土司墓出土的金饰等土司遗物，但这部分的展示内容涵盖"土流并治""安业养民""桂筑华章""文教兴盛"。我们在反映经济繁荣的区域制作了穿越式场景"大圩圩市"（图 3-24），形象地诠释了圩市是发展城市和农村的商品经济而建立的贸易交流场所，城市及外省的商品通过圩市传入农村，农产品则通过圩市变为商品流通到城市甚至转运外省。位于桂林市东南方向的大圩圩市在明清时期已经成为广西大型圩镇。展厅中有纵深视觉效果的墙面上喷绘了经过艺术家采风后创作的大圩古镇场景，选取地标性的太平门进行门洞塑造，门洞内的喷绘图隐约可见万寿桥、沿街一家挨着一家的店铺。根据史料记载，大圩古镇的"四大家"商号为黄源顺、裕和昌、廖忠源、广昌均，多经营水面行、山货、布、米、盐。桂林东乡"第一财主"、大圩古镇"四大家"之首为黄源顺，"黄源顺"亦是其招牌。水面行，指黄源顺等开办的经纪行，他们从漓江船运白果、黄糖、花生、桐油、茶油、油粘米及香蕈、皮张、药材等，销售至梧州、广州。裕和昌为李锡甫的商号，相传大圩古镇万寿桥前的青石板路便由他一人出资修建。

图3-24 穿越式场景"大圩圩市"

　　我们通过模拟创作复原了建于清中期的广昌布行"广昌均"，店铺实景两边悬挂对联"珊瑚架映鲛绡艳，翡翠橱开凤锦斑"，取自现大圩古镇广昌均古宅流传下来的对联，并通过模拟创作喷绘画描绘布行琳琅满目的精美织品，印证对联所述广昌布行经营的布匹——布架陈设精美得像珊瑚一样，打开翡翠般的橱柜，凤锦布匹艳丽多彩。在"广昌均"隔壁的墙面，通过模拟创作喷绘画描绘了黄源顺的米铺，米铺售卖的是南北方的各种五谷杂粮，如大米、黄米、玉米面、黄豆、薏苡仁、玉米等，反映了南来北往的经济交流。

　　二是对展示内容完全没有对应文物的情况，通过触摸屏的视频、动画等形式增强互动性和吸引力。以介绍块茎类农业为例，广西的块茎类农业是华南地区最初的农业形式，也是中国农业产生的三大源流之一，这个内容学术性强，却没有文物作为实物支撑。为了让观众更容易接受相关内容，我们采用风趣十

图3-25 沉浸式场景"花山岩画"

足的动画形式深入浅出地讲述了与稻作农业、旱作农业并行的块茎类农业起源。甑皮岩人有意识地将吃剩的野生荸荠、芋头等块茎类植物移植到地里，使其发芽、生长，从而增加食物的来源，遗址中出土的炭化块茎遗存、残留的芋类淀粉见证了一种新的农业方式——栽植块茎类作物，它不同于稻作、麦作，是华南地区最初的农业。

　　三是把不可移动文物"搬"进博物馆。在展览筹备阶段的历次专家评审会上，一直有专家提出应重视不可移动文物的展示和介绍。策展团队充分吸收专家意见，为花山岩画制作了重点展示。2016年，"左江花山岩画文化景观"列入联合国教科文组织世界遗产名录，这是中国第一处岩画类世界文化遗产，是广西第一处和迄今为止唯一一处世界文化遗产。展览第二部分"花山岩画"多媒体沉浸式展项（图3-25），生动再现公元前5世纪到公元2世纪，古骆越人独特的景观和岩石艺术，再现古骆越人在左江沿岸一带的精神生活和社会生活。我们先进行岩壁塑形，局部复原了花山岩画的景观，再以岩壁塑形为幕，通过投影播放视频，其中的三维图像，使岩画中的人物、动物形象动态地呈现于岩壁塑形上。在多幕剧场的中间还放置了一个平台式的交互触摸屏，观众可以坐在木桩凳子上，通过"AR探索+App互动游戏"来参与绘制岩画的互动。游戏分为主界面和二、三、四级界面，观众既可以分组了解岩画上的不同表现方式，还可以在游戏中获得乐趣并分享；根据不同纹饰的分类样式，用手拖曳电子屏内的花山人物图像、动物图像、器物图像，填充进图像轮廓，绘制重新组合的岩画图案，增强对岩画的认知。

在走道和多幕剧场对面的墙面上，四组图版分别介绍花山的岩画构成、人物图像、器物图像；放置五组三棱锥体转动式展板，观众可以一边转动展板，一边了解鼓乐祭祀、岩画原料、登岩作画的知识点。

灵渠作为中国乃至世界水利工程的杰出代表，其设计之精巧与贡献之巨大具有重要的历史意义。第三部分秦汉三国两晋南北朝时期"多元一体"的第一单元"凿通灵渠"制作了投影联动电子沙盘介绍灵渠，展项以灵渠的实景还原沙盘为基础，联动投影灵渠的八处重要结构设计的解说视频，由电子触摸屏控制播放。观众点击任一技术项目时，多媒体视频播放对应内容介绍，沙盘上的指示灯亮起形成联动呼应。

摩崖石刻也属于不可移动的文化遗产，广西不同历史时期的摩崖石刻分布较为分散，而且由于年代久远且风化严重，一些摩崖石刻正在逐渐褪色，字迹磨损，难以辨识。展览第四部分隋唐五代两宋时期"经略有方"的第六单元"胜览风物"制作步入式沉浸式场景，采用摩崖石刻和石刻造像的喀斯特地貌塑形，通过三维数据采集的技术手段，将唐宋时期分布于桂林普陀山、龙隐洞、铁封山、南溪山、象鼻山等处的知名摩崖石刻移至展厅集中展示（图3-26），有描述钟乳石成因和形成过程的《乳床赋》石刻，有国内现存最早有确切纪年的楹联实物《李滋书格言联》石刻，有反映北宋党争、国内现存两件的《元祐党籍》石刻，

图3-26　沉浸式场景"摩崖石刻"

有出现脍炙人口的名句"桂林山水甲天下"的《王正功题鹿鸣宴诗》石刻，有传授祛除瘴气的保健养生方剂《养气汤方》石刻，让观众既可以欣赏书法艺术，又见识了刻文记事。借助现代技术，展厅里的摩崖石刻比在原生环境现场观看的距离更近、文字更易于辨识。"佛教造像"场景复原了体现唐代造像鲜明特色的桂林骝马山摩崖的龛和佛造像，并将经数据采集的唐宋时期广西知名佛教造像以投影的形式投放到骝马山摩崖佛造像上。

　　"广西古代文明陈列"在不盲目追求高投入、不滥用高科技、不过度依赖辅助展陈手段的前提下，深刻把握展览实际功能需求，展柜展台、色彩、灯光、装饰、文字、辅助展陈互相协调，实现了内容设计与形式设计的贴合。多重装饰性框架贯穿展示空间，形成独具地域特色的展陈风格，重点和亮点突出，人文环境氛围浓郁，各类设计层次分明，展览效果庄重且典雅，散发温润的气韵。

三、"合浦启航"：诠释广西在古代海上丝绸之路中的独特历史地位

"合浦启航——广西汉代海上丝绸之路"是"广西古代文明陈列"中秦汉大一统时期广西社会繁荣发展部分展示的深化与拓展，也是国内首个以汉代海上丝绸之路为主题的常设展览。策展团队基于宏大主题叙事下的微观时空对展览主题进行提炼，并以"一条主线、两个层面、三个部分"的展览结构进行展览内容的构建。在展览的表达上，坚持"以人为本"的理念，运用多种辅助手段实现对展览主题的最优阐释与展示，形成线下静态展示与多媒体互动、场景化烘托的有机结合，以满足观众的知识体验、观赏体验及互动体验等需求。

（一）以小见大——"合浦启航"内容设计解析

自 2013 年"一带一路"倡议提出，作为古代海上丝绸之路历史见证的文化遗产，也受到了社会前所未有的关注。以展览为媒介，我国文博领域对海丝文化遗产的阐释与展示，也进入新的阶段。近十年来，国内博物馆举办海上丝绸之路主题展览热度不断攀升，根据中国博物馆协会航海博物馆专业委员会等专业机构的相关统计，2010—2018 年，国内举办的"海丝"主题展览已达百余个。[3] 此后，海丝主题展览增势不减。根据国际丝绸之路与跨文化交流研究中心发布的 2019 年及 2020 年度《丝绸之路文化遗产年报》中的"专题展览"简表，以及新闻报道、博物馆网站信息等，2019—2021 年，国内博物馆举办海丝主题展览共计 72 个，其中常设陈列 4 个，其余均为临时展览。此外，还有一

些以丝绸之路为大背景的综合类展览，其中也有海丝相关内容。从数量上看，海丝主题展览数量自 2018 年以来不断增长，在 2020 年达到 32 个。这个数字反映出海丝主题展览的热度，同时也体现出海丝在丝绸之路主题的阐释与展示中不再小众或非主流。

1.提炼：宏大主题下的微观时空

（1）时间与地域

古代海上丝绸之路是东、西方不同文明板块之间经济、文化、科技相互传输、交融的纽带。在长达 2000 年的岁月里，海上丝绸之路构成了古代世界海洋贸易与人文交流体系的主体，其形成与变迁源自世界不同地区物产资源的互补互利和不同族群古代先民的共同努力，并与人类文明历程的演进相伴随。作为一个复合的交通体系，其在形态上具体呈现为一个以重要港口为基础，由连接各港口的众多航线交织而形成的海路网络。在这一网络中，不同国家、地区的人群、货物、思想、知识和价值观持续地在海上流动，促进着古代世界各大文明之间的沟通、理解与交融。古代中国正是通过这一海路网络，实现了与海外国家和地区之间的海上贸易和文化交流。

根据地理空间特质及历史发展进程，这一海路网络所涉及的区域可大致分为东亚、东南亚、南亚、西亚、东非、地中海等六大板块。据中国文化遗产研究院中国世界文化遗产中心发布的《海上丝绸之路与中国体系主题研究报告》："公元前 2 世纪之前，各个板块内部及一些相邻板块之间已经形成了一定的海上贸易交往。到公元前 2 世纪左右，随着各条线路的发展、商业规模的扩大，可以认为，连接各大板块的海上丝绸之路正式形成。"

而在长达 2000 年的历史中，海上丝绸之路又呈现出特征鲜明的四个主要时期。第一个时期（公元前 2 世纪到公元 6 世纪末）为海上丝绸之路的肇始期，全球海路贸易体系初步形成。黄金、丝绸、玻璃和各种宝石类珠饰是这一时期交往体系中最具代表性的物品。东南亚的地理位置优势，使其成为维系这一全球网络的关键纽带。

第二个时期（公元 7 世纪初到 10 世纪末）为海上丝绸之路的成熟期。贸易与文化交流网络进一步体系化发展。瓷器开始广泛出现在沿线各板块，香料的交易使得东南亚的地位进一步提升。

第三个时期（公元 11 世纪初到 15 世纪中期）为海上丝绸之路的繁荣期。形成了文明间、人群间的多元共处的繁荣景象。以宗教传播带动的文化交流进一步深入。郑和七次下西洋，中国商人活跃在东南亚。

第四个时期（公元 15 世纪中期到 19 世纪中后期）为海上丝绸之路的转型与继续发展时期。这一时期以地理大发现和大帆船贸易的开始为起点，以蒸汽轮船的广泛应用为终点。货物交流仍以瓷器、香料、胡椒等为主，欧洲人开始遍布海丝沿线，并开启了从美洲跨越太平洋的新航线。海上丝绸之路逐渐扩展为具有真正全球意义的海路网络。传统贸易区域逐渐被新兴的贸易中心及线路所取代，贸易主体和贸易方式也发生了实质性的变化。19 世纪中后期以后，传统的海上贸易线路完成了向近代海上贸易线路的过渡。

由此可见，古代海上丝绸之路跨越时间长、地域广，其所涉及的人类文明交流互鉴内容丰富、影响深远，围绕这一宏大主题开展的阐释与展示从来不是一件易事。展览主题应是最能反映展览内容及表现形式的中心思想和"灵魂"所在。就展览角度而言，策划这类宏大叙事的历史专题类展览，需要策展团队条理清晰、重点突出、有所取舍。就操作层面而言，展览主题所要解决的是把分散的、独立的、个性化的要素构建成为有意义的、有思想的、有导向的有机整体，起到提纲挈领的作用。我们通过研究梳理，找出广西与古代海上丝绸之路的关联之处，提炼归纳出最具鲜明特点并符合实际的展览主题。

一是时代特点的提炼。

　　从学术研究及考古成果梳理上看，基于上述学界对海上丝绸之路四个主要时期的划分，我们可以看到，海上丝绸之路第一时期的代表性贸易商品为丝绸、黄金及各类"奇石异物"，与后三个时期以瓷器为主要贸易商品有比较明显的区别，时代背景、航线、贸易对象与文化交流内容等亦不尽相同，因此学界也常在海上丝绸之路前冠以朝代，如"汉代海上丝绸之路""宋元海上丝绸之路"等表述，更能恰如其分地反映出当时中西贸易的实质。

　　有学者认为，研究古代海丝最重要的遗存是港口、沉船和贸易品。目前广西的考古发现中，与古代海丝遗存相关的考古发现主要有墓葬、城址、窑址、运河等，尤以集中在广西北部湾地区的汉代墓葬及城址为历年发掘与研究的重点。

　　广西汉墓主要集中在汉代合浦、郁林和苍梧三郡治现今所在地——合浦、贵港和梧州，桂北、桂中、桂东南、桂西部分市县也有分布。其中，合浦汉墓群入选"中国百年百大考古发现"。据不完全统计，新中国成立以来发掘的广西汉墓已超过 2000 座，汉墓中出土的舶来品文物及带有海外因素的器物数量众多、种类丰富。合浦县大浪古城、草鞋村遗址的发现，则为寻找汉代合浦港口指明方向。

　　据《汉书·地理志》载，汉代官方指派"译使"，从最靠近南海的合浦、徐闻等地出发，入海进行贸易。其航线经东南亚，远至南亚的斯里兰卡，这是历史文献中由官方正式开通海上丝绸之路的最早记载。合浦现存规模巨大的汉墓群、出土的珠饰等舶来品，以及汉代城址、码头等遗存，是合浦在汉代作为海港城市、地区行政中心城市和海上贸易繁荣的实物见证，证实了《汉书·地理志》中所载航线的真实存在。可以说，广西与公元前 2 世纪至公元 3 世纪这一时期的海上丝绸之路关系最为密切。

　　从同类主题的展览策划及叙事构建上看，近十年来国内海丝主题展览已逐步实现了"从独乐到众乐，从大视野到微呈现，从精品陈列到精彩故事，从'物'到'人'等四方面的转变"[4]，并朝着更为多元的展览叙事与表现形式发展。如 2018 年湖南省博物馆举办的展览"在最遥远的地方寻找故乡：13—16 世纪中国与意大利的跨文化交流"体现出鲜明的跨文化诠释叙事策略，以海丝文化的两端——中国和意大利作为叙事共同主体，形成双向叙事维度[5]；2019 年广东省博物馆举办的"大海道：'南海Ⅰ号'沉船与南宋海贸"展以"南海Ⅰ号"沉船出水文物为基础，运用"信息主导型展览"理论，对文物内涵进行深入发掘，赋予展览情节性和故事性，构建面向观众的价值传播体系[6]；2021 年，南越王博物院举办的"四海通达——海上丝绸之路（中国段）文物联展"在呈现物的社会内涵、物与空间的联结、宏大叙事与微观叙事的结合上做了较多思考[7]。但无论是通史类、断代史类还是专题类的海丝主题展览，多以唐宋至明清时期的海上丝绸之路相关内容为主，对于源自《汉书·地理志》中明确记载的，我国最早的官方远洋贸易航线汉代海上丝绸之路[8]的全面阐释与展示关注较少，这一段的内容更多只作为海丝主题通史类展览中的一部分。可以看到，国内长期缺乏对早期海上丝绸之路进行阐释与展示的专题展览或陈列。

　　从策展团队的实践经验来看，我们自 2015 年起，牵头或参与策划实施了多次具有广西特色的海丝专题临时展览。2019 年 9 月至 2020 年 3 月，由广西博物馆牵头，区内六家文博单位共同参与的"丝路启航——广西古代海上丝绸之路文物特展"在上海闵行博物馆展出，共展出文物 128 件，主要展示从广西出发的汉代中西海路交往的辉煌篇章，以及汉代以后的隋唐至明清时期，广西海上丝绸之路的延续与传承。2020 年 5 月，展览巡展至广州南汉二陵博物馆，因展出场地等原因，我们对展览内容进行了调整，对汉代以后的展出内容进行删减，并更名为"丝路启航——广西汉代海上丝绸之路文物特展"，再现汉代海上丝绸之路贸易、科技与文化传播、人员往来的人文图景，以及广西与中原地区密切往来的历史，实证汉代中外文明的交流互鉴，体现中华文化多元与包容的特质。2022 年 1—5 月，该展览继续在玉林市博物馆展出，社会反响热烈。"丝路启航"展览全面展示了广西特色的海上丝绸之路历史文化，在巡展过程中及时根据展出主题的变化、学术研究新成果及观众意见等进行调整和完善，为举办同样题

图3-27　广西与古代世界在海洋贸易与人文
交流体系中的关系

材的专题陈列积累了经验，奠定了基础。

　　基于以上考量，我们在浩瀚的历史长河中，最终选定以汉代这一时间段为本
次专题常设展览的时代背景，重点突出广西在海上丝绸之路文化中的时代特点与
地位。

　　二是地域特点的提炼。

　　在海上丝绸之路所关联的各大文明板块中，中国处于最东端的东亚板块。作为
板块内的政治、经济、文化的中心，自海上丝绸之路沟通之后，中国的海上对外交
流几乎持续兴盛，是东亚板块内唯一一个同时拥有跨板块节点与板块内部节点的古
代文明中心。放眼于古代中国，中国黄（渤）海、长江流域、东海及台湾海峡、南
海及珠江流域等四个主要交流活跃区，又见证了无数居住在海岸线旁的先民依托海
洋走向世界的文明历程。其中，属南海及珠江流域交流活跃区的广西北部湾地区，
地理位置优越，面向南亚、东南亚，海上贸易活动自秦汉开始活跃。简单来说，在
这一复杂的古代世界海洋贸易与人文交流体系中，广西是紧紧相扣的各环里面的一
个点，与古代世界是包含与被包含的关系（图3-27）。

前面我们提到，无论是从历史文献记载还是目前的考古成果来看，广西与汉代海上丝绸之路的关系最为密切。随着近年申遗、文博宣传推广等工作的推进，合浦作为汉代海上丝绸之路的始发港之一，更为人们所熟知。因此，这一专题展览究竟是以阐释展示汉代合浦港为主还是放眼于整个广西为主，策展团队曾一度为此思量甚久。

从史料记载及考古发现来看，汉武帝平南越，设九郡，全面控制了北部湾及南海沿岸后，着手开通了从合浦郡出发、与域外往来的海洋通道。官方主导组织的汉使团，从江海之交的合浦港扬帆出海，开始了与海外交往的万里征程。经过数年风波险阻，归航的汉王朝使团携贸易带回的奢侈品，又从合浦港登陆，溯南流江而上，通过向北的内河水系，经湘桂走廊或潇贺古道进入湘江。继续往北，沿湘江进入长江水域，然后走武关道到达长安。海上丝绸之路与陆上丝绸之路殊途同归，共同构筑起汉王朝一南一北、一海一陆的对外交往格局。因此，汉时长安与合浦之间，利用内陆交通运输线抵达出海港口的广西段线路也属于汉代海上丝绸之路的一部分，是汉代海上丝绸之路航线在内陆的延伸。

此外，目前广西发现的与汉代海上丝绸之路直接或间接相关的文物，主要有以下几类：一是用于海外贸易的大额货币，如金饼；二是域外直接输入的物品，有玻璃器皿，玻璃、黄金及各类宝石/半宝石材质的珠饰，可称之为舶来品；三是进口原材料加工或海外定制的产品，如耳珰、琥珀印章等；四是在外来技术传播影响下本地自制的产品，包括相当部分的钾玻璃器；五是融入外来文化因素的本地产品，如胡人俑等；六是附属物，如熏烧域外香料用的熏炉。一方面，在广西博物馆藏品中，涉及以上汉代海上丝绸之路相关文物有500余件，是广西博物馆藏品的主要特色之一，其种类之丰富、器物之精美，基本能全面反映汉代广西独具特色的海丝历史文化。另一方面，除合浦地区外，在与合浦郡相邻的郁林郡和苍梧郡的治所即现贵港市和梧州市一带，以及湘桂走廊、潇贺古道等水陆交通要道沿线等地的汉墓中，也出土有以上种类的海丝相关文物。

可见，广西既是古代海上丝绸之路的起点，也是陆海丝路网络中的重要节点，对外与东南亚、南亚、西亚、地中海地区互通，对内则将海上丝绸之路与内河航运及陆路相连。"外通内联"正是其作为中国对外交往的重要通道与前沿门户的重要地位的体现。此外，本展览也将作为新馆展陈体系中的重要部分，从多种角度系统呈现广西在中华民族多元一体格局中的发展之道。因此，策展团队在"汉代海上丝绸之路"前加上"广西"这一地域划定，既符合广西博物馆定位及新展陈体系的要求，也符合"以小见大"的切入点，也直观突出了广西与汉代海上丝绸之路的关系，以示区分。

（2）展标巧点题

随着展览主题大方向的确定，为展览起一个能高度概括展览主题的名字，对策展团队而言也是一个需要不断反复思考、拟定、推翻、再思考的过程。展标的组合方式是确定得最快的，即以"主标题＋副标题"的方式来对展览命名，与新馆展陈体系中其他专题陈列的命名方式保持一致。但在具体展览标题的确定上，则经历了反复的斟酌、修改与论证。

此前策展团队已经策划过一个临时原创展览"丝路启航——广西汉代海上丝绸之路文物特展"，新的海丝专题陈列脱胎于这个临时展览，但又比这个展览有更为丰富的内容与表达。因此，策展团队希望展览标题既要有所传承，也要有所突破。基于前面对时代特点及地域特点的梳理与归纳，最开始暂定展标为"启航——广西汉代海上丝绸之路"。主标题用"启航"的原因，一是"启航"一词既有乘风破浪之势，亦有探索未知之勇，强调航行由此开始，寓意汉代海上丝绸之路从这里出发；二是"丝路"容易引起歧义，多用于陆上丝绸之路的简写，因而删去。副标题删去了原来的"文物特展"四字，保留"广西汉代海上丝绸之路"，主要是对前述海丝主题时空特点的凝练。与此前临时展览的标题对比，整体更为简洁，且较好地突出了展览的叙事意味，而非冷冰冰的一个文物特展。随着文本内容围绕展览主题的不断丰富与深化，有评审专家提出应在"启航"前加上"合浦"，一是因为《汉书·地理志》中明确记述了当时西汉王朝的使团从合浦等地出发与东南亚、南亚诸国的海路交往和贸易情况，且海上丝绸之路在内陆的辐射与延伸，都是通过合浦港这个重要节点来实现的。二是基于海丝申遗的现实意义，通过展标强调汉代合浦港乃至广西在早期海上丝绸之路形成与发展过程中的重要地位。策展团队也非常认同这位专家的意见，主标题改为"合浦启航"也更能与副标题"广西汉代海上丝绸之路"相互呼应，"合浦启航——广西汉代海上丝绸之路"作为展览标题，既高度凝练了展览主题，也更贴切点题。

在这样的背景下，我们依靠馆藏特色的海丝文物资源、良好的学术研究与展览实践基础，选取一个宏大主题下的微观时空，打造以汉代海上丝绸之路为主题的专题陈列，希望以此补足国内博物馆对这一时期海丝文化的专门阐释与展示，加强公众对海丝文化的了解，并突出广西地方特色，扩大广西海丝文化遗产的影响力，为海丝申遗创造更好的舆论环境。

2.研究："蕞尔文物"中的"大千世界"

（1）展览叙事构建中的"共性"与"个性"

策展团队在对展览主题进行提炼的过程中，已经对相关的馆藏文物资源及学术研究成果进行了初步梳理与研读，对于展览的叙事结构如何搭建，以及内容编写等也有了大致的轮廓。但在具体实施过程中，策展团队面临的最大难题是如何处理展览内容的共性与个性问题。

从展览的大视角出发，怎样才能既突出广西地方特色，又以小见大，反映汉代海上丝绸之路的整体情况？如何处理与"广西古代文明陈列"既相互联系又单独成展的关系？

在全面梳理馆藏文物信息和学术研究成果的基础上，我们最终以信息定位型的展览模式[9]，确定展览"一条主线、两个层面、三个部分"的多层级递进

图3-28　"合浦启航"的叙事逻辑

式的叙事逻辑与展览结构，来展现广西在古代海上丝绸之路发展中，作为中国与东南亚各国进行经济文化交流的重要通道和前沿门户的独特历史地位（图3-28）。

一条主线，即以"外通内联"为展览设计主线。前面提炼展览主题时，我们就已经确认了，广西在汉代海上丝绸之路的形成与发展过程中发挥的"对外互通、对内互联"的作用，正是其作为中国对外交往的重要通道与前沿门户的重要地位的体现。

两个层面，即物质文化层面与精神文化层面。"海上丝绸之路是古代旧大陆各国人民物质交流的友好通途"[10]，物质贸易可以说是海外交通的基本动力，文化、技术、人员的交流则伴随物质贸易的不断发展而来，继而对人类文明产生深远影响。因此，作为当时主要贸易商品的文物，既可以是物质贸易这段历史的见证，也可以是文化交流互融的反映。

壹

Across the Sea

跨洋过海

汉代海上丝绸之路贸易
Maritime Commerce of Hepu Port during the Han Dynasty

　　海上丝绸之路正式开通后，汉王朝与东南亚、南亚地区的直接贸易以及通过这些地区与西亚、地中海地区的间接贸易逐渐兴起。广西汉墓出土大量与海上丝绸之路相关的珍贵文物，包括作为贸易大额货币的金饼，作为奢侈品输入的玻璃器皿以及各类珠饰，以实物形式呈现了当时海路贸易的盛况，印证了《汉书·地理志》中关于海上丝绸之路的历史记载。

As the Han Empire established the Maritime Silk Road, it gradually developed direct trade with South and Southeast Asia, as well as indirect trade with West Asia and the Mediterranean. The trade boom could be recreated through substantial number of relics unearthed from Hepu. These priceless objects, related to the Maritime Silk Road, including gold ingots, which were used as currency with a high value, and imported luxury goods, such as glassware and various beads. These relics verify the historical records about the ancient Maritime Silk Road in the Book of Han: Records of Geography.

贰

Embrace Inclusion

兼容并蓄

科技传播与文化交流
Diffusion of Technology and Culture

　　汉代海上丝绸之路不仅是商品贸易之路，也是技术传播及文化交流之路。玻璃制作和冶铁技术，以及佛教文化等通过海上丝绸之路传播进来，一些域外文化因素，经过模仿改造，与本土文化相交融。科技文化、宗教信仰、生活方式及审美情趣等多层次的交流，揭示文明通过海洋交流促进社会变迁和区域发展的历史进程。

During the Han Dynasty the Maritime Silk Road was not only a trade route, but also a way to exchange technology and culture. Glassmaking and iron smelting techniques, as well as the culture of Buddhism, were brought into China through the Maritime Silk Road. Furthermore, some other foreign cultural elements were adjusted and adopted by local societies inhabiting the coastal region of the Beibu Gulf. The exchange of science, technology, culture, religious belief, life style and aesthetic taste has exerted a profound influence on the local economic development and social changes. It reveals the historical process of social change and regional development through ocean communication.

叁

When Rivers meet the Sea

江海相连

海上丝绸之路的辐射与延伸
Extensive Connectivity between Inland and Coastal Areas

　　合浦港的兴起，很大程度上得益于水陆交通便利的广大腹地。汉代海上丝绸之路开通后，广西与内陆及沿海地区的往来更为密切。归航的汉王朝使团，从广西北部湾地区登陆，水陆兼程，进而抵达京畿地区。海上丝绸之路与陆上丝绸之路殊途同归，共同构筑成汉王朝一南一北、一海一陆的对外交往格局。

The rise of the Hepu port greatly benefits from a transportation network that extended into the vast hinterland. The maritime Silk Road during the Han Dynasty improved communications between Guangxi and adjacent regions, such as the Central Plains, Hunan, Hubei, as well as the Southwest and coastal areas of China. The return journey landed the missions to the Guangxi-Beibu Gulf Region and then sent them back to the Central China on both land and water. When the maritime Silk Road meet the land Silk Road, a network connecting the Han Empire and the West formed by both land and sea routes stretching from both the North and South sides.

图3-29　展览主体的三个部分

　　三个部分主要是指以上述两级逻辑思路为依据搭建的展览主体结构部分，是整个展览的核心内容（图3-29）。在此之前，策展团队曾思考是否需要在序厅或者展览内容的第一部分留出篇幅，完整交代秦汉之际广西的社会经济情况。思量再三，我们发现其实这些内容基本能在"广西古代文明陈列"中找到答案，且"广西古代文明陈列"第三部分秦汉三国两晋南北朝时期的"扬帆出海"单元，通过展现汉代海上丝绸之路开通前后，广西社会的交通及商品经济发展情况，交代了广西北部湾地区的合浦港成为汉代海上丝绸之路始发港的历史必然性。考虑到本展览作为"广西古代文明陈列"中秦汉大一统时期广西社会繁荣发展的深化与拓展，最后我们决定通过"西汉交趾刺史部示意图""广西汉墓分布示意图""合浦汉墓群的分布及主要发掘地点"等三个地图，以及合浦发现的大浪古城遗址、草鞋村遗址的相关内容，由大到小地逐级介绍汉武帝设立岭南九郡的情况、今广西行政区位与汉代岭南九郡的关系，以及合浦郡县与合浦港、古代港口与城址之间的关系等背景信息。这样既避免了介绍历史背景内容的单一重复，又能根据两个展览不同的定位与视角，各有侧重地向观众传递"历史为何选择了广西"的前因后果。

　　经过讨论，我们决定在序厅采用根据史籍记载和经过考古学论证后描绘的"广西汉代海上丝绸之路线路图"来开篇点题，先让观众对这一线路的史料来源和具体涉及哪些地区、国家，以及广西在这一线路中的地理位置等有一个大致的概念，进而引导观众进入展厅了解广西与汉代海上丝绸之路的故事。在三个部分中，前两个部分的内容聚焦汉代广西通过海上丝绸之路与海外互通的主线。第一部分"跨洋过海：汉代海上丝绸之路贸易"下设两个单元，分别展示汉代海路贸易中"带出去"的金饼、铜镜及生活用器和"带回来"的以玻璃器和各类材质珠饰为主的贸易商品，辅以图表、数字沙盘、场景等，初步复原汉代广西海路贸易的盛况。第二部分"兼容并蓄：科技传播与文化交流"下设两个单元，通过展示本地自制的玻璃器、用进口原材料在本地加工的珠饰、与佛教文化相关的文物、本地制作的融入外来文化的胡人俑等，带领观众了解伴随着海路贸易而出现的产业经济、技术传播与文化交流，展现汉代海上丝绸之路的多层次交流及其引发的经济发展与社会变迁。第三部分"江海相连：海上丝绸之路的辐射与延伸"则侧重表现"内联"，主要展示广西湘桂走廊、潇贺古道等沿线出土的与合浦相同或相似的汉代珠饰，以及广西汉墓中包含不同文化因素的文物，体现海上丝绸之路在广西的辐射，以及广西与中原地区、两湖、西南及沿海等地的密切联系。

（2）"小展品"中的"大世界"

展览多层级的叙事构建，进一步明确了展览主题、主线和展览结构，其实在大层面上基本解决了共性与个性如何平衡的问题，但在展品的选择和组合上，策展团队再次面临相似的难题。馆藏汉代海上丝绸之路相关的文物有500余件，但2/3为珠饰类文物，同质类珠饰的占比又接近一半。这类文物虽然精美，但体量都较小，作为本次专题陈列的主要展品，贯穿展览始终，应该如何运用陈列展示的逻辑与语言让看似重复出现的同类文物，有序分布在900多平方米的大展厅内，并能清晰表达各部分的重点内容？为解决以上问题，策展团队注意对近年文物科技检测及学术研究成果的吸收与转换，并始终坚持紧扣主题，遵从展览叙事逻辑的原则，对展品进行优化组合，以成组分类展示的形式传递展览信息、展品价值及展览主题相关的最新发现和研究成果等。

首先，玻璃器皿及玻璃、红玉髓、玛瑙、琥珀、水晶、绿柱石、石榴石、绿松石、黄金等材质的珠饰，作为当时中外海路贸易中最常见的商品，也是《汉书·地理志》中记载的"明珠、璧流离、奇石异物"之属。正如夏鼐所言，这些价高质优又便于运输携带的各类珠饰，"很容易随长途贸易传播，因此可以揭示相隔很远的两种考古学文化之间的联系"〔11〕。以玻璃器为例，不同的玻璃化学成分体系揭示着其来源产地的不同。馆藏的玻璃器分属多个体系，其中，钾玻璃是南亚、东南亚及我国华南和西南等地所特有的一种古代玻璃体系，混合碱玻璃产自东南亚和南亚，钠钙玻璃则产自西亚和地中海一带。钾玻璃中，根据钙、铝含量并结合微量元素铷和锶的重量比等，又可进一步细分。一般认为，中等钙铝钾玻璃在印度、东南亚和广西都广泛分布，说明可能存在多个制造中心；大部分低钙高铝钾玻璃则可能是当时合浦至越南北部的交州区域吸收外来玻璃制作技术后，在本地自制的。但这并不能成为判断这些玻璃器是进口还是本地自制的绝对依据，还需结合考古类型学等进一步分析。例如在低钙高铝钾玻璃里，部分直径小于0.6厘米，呈不透明的铜红色、黄色、绿色、蓝色等颜色的钾玻

图3-30　广西壮族自治区博物馆藏东汉玻璃串珠（左）
图3-31　广西壮族自治区博物馆藏汉代玻璃、石榴石、玛瑙、红玉髓串珠（右）

璃珠（图3-30），符合印度－太平洋珠的特点，这类珠饰应为域外输入。本地自制
的玻璃珠则一般呈透明或半透明的蓝绿色调，直径大于0.6厘米（图3-31）。而对
于宝石类珠饰，同样可以通过其材质结合历史文献及考古类型学，判断其产地来源
及制作工艺等，但一些宝石类珠饰如水晶与绿柱石、玛瑙与蚀刻石髓珠，肉眼难以
分辨其外形、颜色上的细微差别，很容易混淆，例如把属于绿柱石类的海蓝宝石笼
统地称为蓝水晶，把在玉髓上人为蚀刻了白色线条的蚀刻石髓珠笼统地归入缠丝玛
瑙等。为了解决这些问题，我们与中国科学院上海光学精密机械研究所李青会博士
团队合作，对馆藏广西汉墓出土的玻璃器皿及各类珠饰进行化学成分分析、制作痕
迹分析等，明晰了一批过去材质存疑的珠饰，并结合考古类型学等综合分析，探寻
其源流及其背后所反映的技术传播与文化交流。由此，我们在馆藏的汉代海丝文物

图3-32　广西壮族自治区博物馆藏东汉蓝色玻璃串珠（左）
图3-33　广西壮族自治区博物馆藏东汉深蓝色玻璃碗（右）

中，进一步分辨出了费昂斯珠、钠钙玻璃珠、印度－太平洋拉制玻璃珠、绿柱石、蚀刻石髓珠等过去馆藏记录中没有或数量较少的珠饰，为展出文物的挑选及后续对文物进行不同优化组合提供了科学依据。

　　以集中在第一、二部分展示的珠饰为例，各类珠饰在不同的部分及单元中的组合展出，均有其内在的逻辑联系。例如第一部分中的珠饰，我们主要以材质为分类组合依据，包括黄金、玻璃制品，以及玛瑙、玉髓、绿柱石、水晶、石榴石、绿松石、琥珀等宝石／半宝石材质的各类珠饰，并通过密集型展示，来表现广西汉代海路物质贸易的盛况。第二部分的珠饰类展品则以其所反映的科技与文化交流为组合依据。如经过检测成分及器型分析的蓝色系钾玻璃，玻璃珠（图3-32）在透明度及直径上与第一部分中展示的印太珠区别较大，玻璃器皿的造型则脱胎于中国传统的铜质或玉质器皿，如盘、碗（图3-33）等，这类产品被判断为当时交州地区自制的玻璃制品，反映了玻璃制造技术通过海上丝绸之路传播并发展的历史轨迹。馆藏的在中国传统文化中有祥瑞寓意的龟形、鸳鸯形、胜形珠饰及耳珰、印章等典型汉式文物，从其材质来看，应是使用进口原料在本地加工或海外定制的，同类的动物造型珠饰被统称为"吉祥珠"，广泛流行于东南亚一带，半成品的耳珰样品在东南亚、印度地区也有发现，是汉文化通过海上丝绸之路与其他地区文化交流的又一佐证。象征佛、法、僧的三宝佩和狮形、摩竭形等带有早期佛教文化因素的珠饰，重新诠释了佛教在东南亚及中国的传播与发展历程，是早期佛教思想和价值由海路传入中国的物化证据。

其次，我们通过吸收一些新的研究成果，为展览补充珠饰类文物以外的展品。唐以前，中国出口至海外的物品主要是丝绸和黄金，即《汉书·地理志》中记载的"黄金杂缯"。在展览第一部分第一单元中，最初我们仅能在馆藏文物中挑选出两枚金饼实物展出，丝绸等丝织品因属于有机质，本身就容易腐朽，在岭南地区难以保存，在海上丝绸之路沿线国家也鲜见踪迹，馆藏文物中虽有几件出土于贵县罗泊湾汉墓的丝织品残片，但经过讨论，策展团队认为更适合放在"广西古代文明陈列"中，因此，在本展览中，针对丝绸这一主要贸易品，仅能以图版进行介绍。但近年部分学者的研究表明，在东南亚、南亚等地发现的印章、陶器及铜镜等典型汉式器物（图3-34），侧面印证了汉代中国人通过海上丝绸之路，活跃于东南亚乃至印度等地的史实。印章一般是随身携带的信物，陶器则应该是航海中用于储存水和食物的器皿。制作精美的铜镜，既是日常生活用品，也可能是除"黄金杂缯"外的另一重要输出品类。[12] 所以我们在第一部分第一单元中加入了铜镜（图3-35）、几何印纹陶瓮（图3-36）等馆藏文物，既丰富了该单元的展品种类与数量，又能让观众感受到当时扬帆出海的使团的日常生活，同时也将最新的学术研究成果通过展览的方式传达给观众。

最后，在对文物的解读上，我们也始终遵循"以人为本"的原则，注重对文物的多形式阐释，满足观众知识体验需求。对文物的阐释有文字说明、图版补充解读、多媒体动态演示等多种形式，以使观众读得通、看得懂、记得住、感兴趣为最终目的。

图3-34　"东南亚地区发现的汉式器物"图版（上）

图3-35　广西壮族自治区博物馆藏东汉鸟兽规矩纹铜镜（下左）

图3-36　广西壮族自治区博物馆藏西汉几何印纹陶瓮（下右）

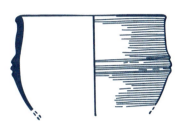

图3-37　广西壮族自治区博物馆藏汉代淡青色弦纹玻璃杯（左）
图3-38　印度阿里卡梅度遗址出土的玻璃杯图示（右）

　　一是在图文版面中，注重图像对比的阐释。例如对馆藏汉代淡青色弦纹玻璃杯
（图3-37）的解读，玻璃杯呈淡青色半透明，敛口，弧腹，自腰下内收，小平底，
腹中部饰三道弦纹，经检测为中等钙铝钾玻璃。中等钙铝钾玻璃在印度、东南亚和
我国广西都广泛分布。这件玻璃杯与广西汉墓出土的其他蓝色调玻璃杯有明显区别，
其化学成分分布点与印度阿里卡梅杜遗址的钾玻璃十分接近，器形也与该遗址出土
的一件玻璃杯残件相似（图3-38），因此判断其应是产自印度。另一件角轮形玻璃环，
整体呈青绿色，造型精美独特，器身有六个花芽状的装饰，经检测为中等钙铝钾
玻璃（图3-39）。该器物与我国台湾和华南等地发现的"有角玦状石环"关系密切
（图3-40）。"有角玦状石环"最早可追溯至广东石峡文化，随后逐渐发展成为环
南海的典型器形之一。中国出土的这类器物均为玉质，未发现玻璃质。而越南沙莹
文化多采用玻璃对这类玉质有角玦饰进行仿制，并逐渐发展出不同类型。结合器形
及化学成分来判断，这件角轮形玻璃环应该是来自今越南南部。此外，我们还对文

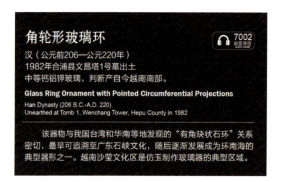

图3-39　广西壮族自治区博物馆藏汉代角轮形玻璃环（上）

图3-40　环南海地区出土的有角玦饰图版（中）

图3-41　角轮形玻璃环说明牌（下）

图3-42　摩竭纹图版（左）
图3-43　广西壮族自治区博物馆藏东汉摩竭形红玉髓串珠（右）

物说明牌中的内容做"加减法"，除保留文物名称、年代、出土地点等基本信息外，减少或删除对文物外形的描述；针对重点展示的文物，说明牌内容中则以增加文物成分材质、器物功用或相关背景知识介绍为主（图3-41）。这样既保证了展览文字表达的通俗简洁，也保证了内容传达的准确有效。通过图像对比阐释（图3-42、图3-43），能让观众更为直观地理解这一物品来源或产地的证据信息，也让他们对一些微雕珠饰的造型及其背后反映的文化内涵等有更为具象的感受。

　　二是将展览文本中部分图文版面转变为多媒体及互动内容。我们在对每一项内容进行编写和审校的过程中，都尽量跳出策展人本身，代入普通观众的视角去想象这一个内容最后呈现出来时是否能达到我们的预想。例如对展出的各种宝石类珠饰，除了向观众解读其本身蕴含的历史文化内涵，我们也希望通过介绍珠饰原料达到自然科普的目的。最初我们只是将这些宝石珠饰原料按照名称、晶系、硬度、简介和成因产状等内容，以表格的形式呈现出来。这样看起来虽也算条理清晰，但实际上就是密密麻麻的一版文字。对于普通观众，即使这个表格的每一行配上相应的原石图片并制作成图版，他们在参观过程中也很容易忽略或兴趣寥寥。最后我们认为此处应设置成一个原石触摸台，每一种宝石原料旁边是对应的科普知识，通过鼓励观众动手触摸和观察，引起其探究与阅读的兴趣，达到对展出的各类宝石类文物自然科普的目的。又如对"玻璃制作工艺流程"这一延展内容的阐释，制作本身就是动态的，如果以传统的图文方式呈现，必定需要用大段的文字对每一个步骤进行解释，难以引起观众兴趣或让人看过即忘。所以我们希望将玻璃珠饰的制作工艺做成动态演示的短片，并可在展厅多媒体设备中自主点击观看，让观众能更为直观地了解古代玻璃珠饰的制作工艺流程，同时有配套小游戏，检验对这个知识点的掌握情况，引起观众了解、学习的兴趣。另外，在展览的第二部分与第三部分之间，则考虑设置"珠饰搭配"多媒体互动游戏，观众可以在该互动项目里，对展览中的珠饰进行自由搭配，并选择佩戴方式。这三处辅助展项的设置，共同阐释了作为当时奢侈品贸易大宗的珠饰，从原料获取到生产制作再到佩戴方式的全过程，既生动地向观众传达了展览信息，又大大提高了观众在展览中的体验感和参与性。

实际上，一个展览中多媒体及互动展项的实现，最终是通过形式设计团队去完成与落地的。但哪些背景知识在展出时可以突破文字、图版的传统表达，进而发掘出更丰富的阐释展示方式，这是策展团队在做展览内容设计的时候便需要提前思考的。我们很庆幸自己在内容设计方案编写过程中就已经有所侧重地思考这些问题，并做好充分准备，保证了后续和形式设计团队顺畅、高效地合作与沟通。

3.共赢：贯穿始终的核心丝路精神

2017年5月14日，习近平总书记在"一带一路"国际合作高峰论坛开幕式上指出，以和平合作、开放包容、互学互鉴、互利共赢为核心的丝路精神是人类文明的宝贵遗产。〔13〕我们在策划这个海上丝绸之路主题展览时，从展览本身及实施过程中，也深深体会到了这一核心丝路精神。

（1）展览中的开放与交流

近年来，随着博物馆事业的蓬勃发展，社会上掀起一股"博物馆热"，到博物馆去参观，逐渐成为一种生活习惯与方式。"博物馆热"的持续升温，也使得越来越多的普通观众、文博爱好者与专业研究者等对博物馆藏品资源的开放共享和利用提出了更高的要求。陈列展览作为博物馆传递藏品信息的重要途径，是博物馆与观众最直接的沟通方式和利用藏品资源最基本的方式之一，同时也是博物馆综合研究实力的最直观体现。过去由于场地受限、展陈体系不完善、对藏品资源研究不深入，以及"重藏轻用"、缺乏全局观念与共享意识等原因，我们库房中与汉代海上丝绸之路相关的藏品展出率较低。以新馆改扩建为契机，我们的展陈面积与场地硬件得到提升，能够重新科学谋划展陈体系，对于馆藏文物的研究也在持续开展。在这样的背景下，我们秉持着开放交流的理念，希望通过新展览的打造来展现我们的特色藏品与近几年的研究成果。在"合浦启航"这一展览中，展出文物超过半数属于首次亮相的文物。随着策展理念与利用观念的转变，我们对展出文物不再过度追求精品或完整器，而更注重这件展品是否与其他展品有逻辑关联从而能更好为展览叙事服务。例如我们选取的一件"九真府□器"铭陶提筒残片（图3-44），出自合浦县望牛岭一号墓，同墓出土的另一件"九真府"铭陶提筒为完整器（图3-45、图3-46）。这两件器物上的"九真府"，为我们进一步明确了墓主人身份，还从侧面反映了汉朝廷以合浦为支点经略岭南及海外的史实，有较高的科学价值、艺术价值。朱书铭文写在陶提筒内壁，完整器其实很难向观众展示这一铭文，但残片则能非常直观地让观众看到铭文内容。在本次展览中，我们毫不犹豫地选择了从未展出过的陶提筒残片作为展品，并通过OLED屏多媒体展柜的使用，将陶提筒残片内的朱书铭文突出展示，再以动画方式复原其整体、标明其用途，利用3D动画影像传达展出文

图3-44　广西壮族自治区博物馆藏西汉"九真府□器"铭陶提筒残片（上左）

图3-45　广西壮族自治区博物馆藏西汉"九真府"铭陶提筒（上右）

图3-46　广西壮族自治区博物馆藏西汉"九真府"铭陶提筒内壁（下）

物的文化内涵。首次亮相的文物中，还包括上述提到的通过新的科技手段结合考古学研究等，遴选分辨出的一批过去馆藏没有或数量较少的珠饰种类。同时，对于展览中已经过成分检测的玻璃器、玉石器及铁器，我们会在其文物名称或文物说明牌中做出标注或说明，这其实也是藏品数据开放共享的一次尝试，这样既便于普通观众理解同类材质的文物出现在不同分组中的原因，也可满足专业观众对展出文物及其深层信息的读取与研究。

　　我们还在尾厅处设置了与展览主题及设计风格相匹配的留言处和盖章处，作为与观众最直接的沟通桥梁，实现观众与观众之间、观众与博物馆之间的对话与交流。竹简留言本延续海丝专题陈列的整体设计风格，印章内容为展出文物的线图及展览标题，进一步强化观众对展览及展品的印象，观众可通过盖章打卡、填写留言本等操作，构筑属于自己的参观体验和记忆。

　　（2）展览实施过程中的互学互鉴、合作共赢

　　"合浦启航"展览的策展团队以广西博物馆内设机构广西古代海上丝绸之路研究中心为主力，该中心和陈列部、保管部、宣教部、信息中心、文创中心、安管部等其他部门组成工作专班，分别负责展的内容设计、形式设计、文物保护、宣传推广、信息采集和文创产品开发等工作。

　　在展览内容撰写过程中，内容主创团队与其他各部门保持着良好积极的沟通，并善于向其他部门取经学习。例如在确定展览"一条主线"与"两个层面"的基础上，展览的第二部分、第三部分最初的内容顺序是对调的，即第二部分为"江海相连"（现第三部分），第三部分为"兼容并蓄"（现第二部分）。如果以学术论文的结构来看，这样的顺序问题不大，但从展览角度来看，随着文本内容的不断修改和完善，内容主创发现这一展览框架下的内容出现了同类文物重复出现、表达重点模糊且整体叙事逻辑混乱的问题。经过对相关研究成果的进一步研读及涵化，我们有了大致的调整方向，但还需要进一步论证。这时我们最先想到的是询问宣教部讲解团队的意见。因为展览内容与讲解顺序、讲解词撰写等息息相关，且讲解员是长期工

作在一线的、与观众接触最为紧密的团队，他们其实比我们更了解观众的需求。在和讲解团队讨论后，他们也认为新的调整方向在逻辑上更加清晰，以新的展览结构来进行讲解，各部分也会衔接得更加顺畅。这样，我们基本确认了调整方向的正确性，最终敲定了现在的展览结构并重新对展出文物进行优化组合。

在展览形式深化设计过程中，我们与中标的设计施工单位北京雅虹博艺文化发展有限公司也一直并肩作战、团结协作，为了一个共同目标而努力。由于疫情，前期设计团队与内容主创团队的沟通仅限于线上，经常是通过微信的多方通信模式，就一个棘手的设计问题沟通至深夜。但事实证明，在竭尽全力地保证顺畅沟通的前提下，"合浦启航"展览的整体设计施工进度也一直都比较顺利。该公司负责"合浦启航"展览的两位主要设计师张倩、张沛有丰富的策划历史专题类展览的经验，在认真研读了我们的展览内容设计方案后，形式设计团队认为展览内容逻辑清楚、主题明确，相关设计元素提炼到位，对于他们后期深化设计工作帮助很大。这一方面有赖于设计师本身有较高的文本阅读及理解水平和丰富的展览设计经验，另一方面也是对内容主创团队前期扎实的文本基础的肯定。好的开始是成功的一半，双方在很多形式设计及展览表达方面一拍即合，并在深化设计的过程中碰撞出了不少火花。例如在展厅整体空间设计中，设计师团队引入"海上生明月"的概念，对一组中心柜采用框架结构设计，采用顶部设计轨道射灯对文物进行重点照明，中间为圆形的高密纱装置，可投影汉代的人物或风景写意图片（图3-47），宛如海上升起的一轮明月，渲染气氛的同时，将观众带入一个充满诗意的历史画面中。这一设计概念也给了内容主创很大的启发。月亮自古以来就是人们寄托和表达思念之情、团圆之愿的象征，那些不惧险阻、扬帆出海的人们，一来一回花费数年时间，在每一次夜幕降临后的茫茫大海上，或许也会抬头望向一轮明月及满天星空，思念着家人，憧憬着这趟旅程结束后的回归。此外，秦汉时期的人们可以通过天文导航、季风航海和地文航海等技术进行方向的辨别与船只定位，但这些早期航海技术大

图3-47 原计划的"中心柜框架结构+圆形高密纱投影"的一体化设计

多体现于文献中，缺乏实物证据。此前我们一直苦恼如何将这些延伸的背景知识融入展览中，并能让观众在参观中产生一些与2000年前探寻海洋、积极与世界产生联系的古人们在情感上的共鸣。设计团队给出的这个设计概念，给了我们新的灵感，让我们仿佛一下子找到了某个能与古人联结的节点。内容主创马上将相关的早期航海知识整理汇总，挑选出适合投影在高密纱装置上的内容，并与设计团队就这些提

图3-48　最终的圆形高密纱氛围灯装置

炼出的文化元素如何融入展览设计进行了有益探讨。虽然后来出于文物展出安全、观众安全及经费等因素的考虑，"中心柜框架结构＋圆形高密纱投影"的一体化设计未能落地，但经过多次讨论，通过在展厅中设置圆形高密纱氛围灯，并将星宿、季风、潮汐等与古代航海技术有关的内容喷绘在上面的折中设计（图3-48），保留了这一浪漫的设计理念，同时也提升了展陈空间的层次感。

　　在对文物陈列方式的设计上，设计团队与内容主创、保管部工作人员也时刻保持沟通与联系，根据文保人员的意见，在保证文物安全的最大前提下，为各类文物陈列进行定制化设计。以耳珰的展示为例，我们采用独立柜悬挑垂直串联的方式，直观表现耳珰实际佩戴的其中一种样式。为保证文物安全，使用"硅胶隔垫＋金属定位夹"的方式对耳珰进行加固。

　　一个展览最终的呈现，绝不是一个人或单个部门的功劳，而是馆内各部门与馆外各单位各司其职、通力合作的结果。最后，功夫不负有心人，展览在工期较紧、展览经费偏少等特殊情况下，呈现出了最好的效果，并收获了业内及普通公众的好评，实现共赢。我们相信，每一个参与这项工作的单位和个人，都在此艰辛又有趣的过程中，相互学习、共同成长，深刻体会到了以互学互鉴、互利共赢为核心的丝路精神。

（二）深入"对话"——"合浦启航"形式设计解析

"合浦启航"展览形式设计，严格以展览内容大纲为依据，从专题科普的角度出发，立足观众体验感，从空间氛围、陈列手段和互动设置等方面着手，尽可能地呈现一个完整的、科学的、和谐的、有吸引力的展览。

1.初识：空间的诠释与主题氛围的确定

展览位于陈列大楼三层，展厅面积929.79平方米，空间整体呈长方形，西北角、西南角和东南角有缺角，内部空间均匀排列八根方柱，西侧设大门和防火门，北侧设大门和暗门（靠东侧角落），观众由西门进入，北门离开。根据展览内容大纲，展厅空间包含序厅、尾厅和三个部分的文物陈列，共五个区域。依据展览内容大纲，展览标题为"合浦启航"，内容分为"跨洋过海""兼容并蓄""江海相连"三大部分，展览的展示顺序逻辑明晰，展览形式设计只需要遵从内容设计组织空间序列和布局展线即可，重点在于营造鲜明的主题空间氛围。

展览的主题主要看展标："合浦启航"以汉代海上丝绸之路始发港合浦为依托点，重点突出广西在海上丝绸之路发展史上"启"的历史底蕴和"航"的包容文化，展示广西在海上丝绸之路上联通江河、沟通中原与海外的重要地理位置，以及广西在海路开拓和海洋贸易中，勇于进取和有容乃大的海洋文化。

　　为服务于展览内容大纲，带给观众浸入式的观展体验，策展团队围绕展览主题，从空间、色彩、灯光、辅助性展品等方面入手，借助由展览主题衍生出的"大海""波浪""航行""商船""珍宝"等意象，深化营造展厅主题氛围。

　　（1）以"大海"为基调

　　"合浦启航"展厅像一片蓝色的海洋，色调是幽深的蓝色，建筑空间如海浪一般起承转合。模仿海浪造型和走向的展厅空间设计，不仅迎合了展厅主题氛围的营造，同时也围合形成了逻辑清晰、走势明确的展览动线，观众沿着展厅动线逐步观展即可自然地从展厅入口过渡至展厅出口，观展顺序流畅。展厅内场景铺设，如沙盘模型、汉代码头场景、商船船体模型和留言台等，均位于海浪造型展厅空间的浪湾处，既不会破坏整体空间的连贯性，也不会阻碍到观众的动态活动范围。此外，海浪造型的空间塑造，很好地隐藏了展厅内的六根方柱，创造开阔的视野。剩余两根裸露的方柱中，一根四面环绕长条木凳，设计为观众休息区，一根保留成为场景间的天然隔断。

　　展厅内各部分内容的展标均是船帆造型，色彩也是和商船、船帆元素统一的亚麻色、白色、木色和黄色，服从于蓝色主调。有次序的色调和造型能够确保展览空间整体环境的和谐统一，一方面强调、突出展品的重要特点，另一方面弱化观展区域的过渡，帮助观众连贯地沉浸式观展，降低参观中的疲劳感。

　　在展览第二部分向第三部分过渡的区域，展厅西侧除圆弧形尾厅划出圆形区域外，是一块完整的长形区域，无方柱阻碍，形成整个展厅中唯一的长直墙面。墙面上设计了数条相互起伏的内嵌灯带，呈现波浪状（图3-49）。区域顶部设计了较密集排列的链条装饰带，形成波浪般蜿蜒的曲线，线条形状取自以合浦为起点的汉代海上丝绸之路航线。链条是金属材质，自然垂落，微微反射暗光（此处如果配合一两处灯光折射，会更好地呈现出大海波光粼粼的效果，可惜预埋的灯线不够）。

图3-49　"合浦启航"展厅中的波浪形灯带

（2）以"星月"为指引

　　展厅整个天面均为深蓝色。策展团队在展厅上空区域设计了光纤星空顶、高密纱圆月灯和油画星云顶，通过不同形式和层次的反复渲染来强化展厅空间的"大海"主题氛围，完成空间高潮阶段之前的视觉铺陈和之后的视觉延续。

　　设在序厅处的星空顶，七彩光纤灯微微变幻闪烁，增强了整个序厅布景的立体效果，其间的北斗七星明亮突出，塑造星斗指引航行的意象，迎合了探索型观众对场景隐藏性设计的预期。展览第二部分的星云顶由一幅巨大的圆形油画构成，是该区域空间中观众休息区和多媒体互动区的组成部分之一，一方面为在此处停留的观众提供一个完整的装饰性活动空间，另一方面也是为了满足观众在中场休息时对展厅环境的探索欲望，深入营造浸入式观展的主题氛围。

展览第一部分与第二部分之间，设了三处圆形高密纱灯光装置，以"海上生明月"为设计灵感，其上喷绘有"夫乘舟而惑者，不知东西，见斗极则悟矣。——西汉《淮南子》""五月有落梅风，江淮以为信风。——东汉·应劭《风俗通义》""涛之起也，随月盛衰。——东汉·王充《论衡·书虚篇》"等记述了星宿、季风、潮汐等与古代航海技术有关内容的字句，作为展览知识点的延伸。喷绘内容在高密纱材质上不会过于抢眼，灯带嵌于圆形装置周边，亮灯后喷绘内容若隐若现犹如月海，有心的观众抬头即可发现。圆形纱灯在展览第一部分区域的上空错落有序地面向第二部分依次排开，从序厅处望去形成前行的指引，在展厅深蓝色海洋环境氛围的烘托下，如航海中遥望圆月的意象，有助于在不影响观展动态活动区域的前提下，增加展陈空间的层次感、氛围感。此外，纱灯中隐约的图案也满足一部分观众探索体验的需求。

（3）以"启航"为脉络

"合浦启航"展厅空间序列的起始阶段与终结阶段分别位于展览序厅和尾厅，以"启航"为脉络遥相呼应；高潮阶段位于展览第一部分和第二部分的过渡区域，即展厅空间的中段，是由两个大型场景构成的开阔空间，是"启航"主题观展动线的高潮。

在序厅处，为了第一眼突出"合浦启航"展览主题，让观众迅速融入观展氛围，我们设计了"商船激起惊涛骇浪，开启海上丝绸之路"的故事场景（图3-50）。场景以手绘巨幅油画为主，表现一艘汉代楼船正扬帆出海，身后合浦港汉代城址渐渐消失于视线中，眼前是波涛汹涌的大海的画面，前景以沙山形实体礁石造型为补充，既寓意向海而生的艰难探索，也寓意"一带一路"的有机衔接。场景外设仿古木桩围栏，保护场景布置的同时，形成一个完整的故事空间。场景处的光线设计分了三个层次：第一层是射灯，精准投射巨幅油画，引导观众聚焦激起巨浪的商船，进入航海主题氛围空间，船头方向指引观众从此处开始进入展厅参观；第二层是以北斗七星为主的七彩星空吊顶，拉伸了场景

图3-50　"合浦启航"展览序厅设计效果

的立体空间效果；第三层是投射地面的水纹灯，伴随背景的海浪声和海鸥鸣叫，营造沉浸式观展氛围。

在圆弧形的尾厅区域，作为展览的"结束语"，我们设计了"时光变迁，广西海上丝绸之路再次扬帆起航"的故事场景，与讲述"汉代合浦港启航"故事的序厅首尾遥相呼应。场景主体是一部延时纪录短片，描述由古至今广西海港的变迁，由汉代以合浦为始发港的繁荣场景，穿越至当下以广西北部湾地区为辐射点的欣欣向荣的景象。整个场景由弧面多媒体投影与透明海浪造型实体透明雕塑构成，是对展厅主题氛围诠释的综述，既表达了对过去广西在古代海上丝绸之路中始发港地位的自豪，也表达了对现在和未来广西在海上丝绸之路发展中，通过北部湾区位优势

汉代码头场景

设计说明：场景表现汉代广西合浦地区的码头环境，以微缩实景沙盘的形式表现，其中海陆各占据一半的平面空间，陆地部分布在左右两侧位置，形成一个海湾码头，左侧为城镇居住区，分布有城郭、商贸集市、船坞和来往不停或泊靠在岸边的商船，右侧为小部分田地环境，有人正在其间劳作。
场景设计人物高度12~15cm，效果逼真，顶部安装水纹灯具，整体场景波光粼粼的动态效果。
设计制作7条接驳船约30cm长，4艘大船约80cm长，人物50个约12~15cm高

汉代建筑及人物服饰参考

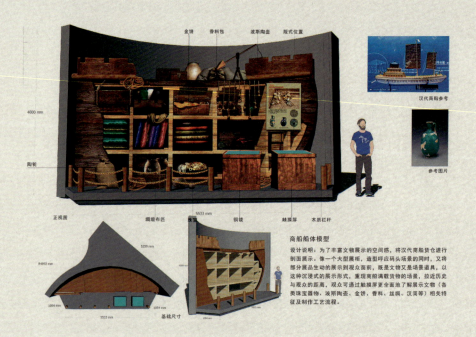

商船船体模型

设计说明：为了丰富文物展示的空间感，将汉代商船货仓进行剖面展示。像一个大型展柜，造型呼应码头场景的同时，又将部分展品生动的展示到观众面前，既是文物又是场景道具，以这种沉浸式的展示形式，重现商船满载货物的场景，拉近历史与观众的距离，观众可通过触摸屏更全面地了解展示文物（各类珠宝器物、波斯陶壶、金饼、香料、丝绸、汉简等）相关特征及制作工艺流程。

图3-51 "合浦启航"展览汉代码头场景设计稿（上）
图3-52 "合浦启航"展览商船船体模型设计稿（下）

发挥沟通东南亚、辐射世界作用的信心。尾厅场景与序厅场景的呼应，帮助展厅空间序列组成中的起始阶段和终结阶段和谐统一，自然顺利地将观众由古代海上丝绸之路的历史文化体验，导向对新时代海上丝绸之路发展的憧憬，使观众的情感得到升华。

展览第一部分和第二部分的过渡区域，是两个隔道斜角相对的圆弧形的"浪湾"，空间开阔，是整个观展动线中观众驻足停留的高潮位置。两个"浪湾"中，大的"浪湾"处设汉代码头场景（图3-51），利用微缩模型呈现"合浦始发港码头忙碌运转，商船满载货物向海上丝绸之路启航"的故事；小的"浪湾"处设商船船体模型（图3-52），呈现"商船满载丝绸、陶器、金饼启航，收获奇珍异宝和香料、美酒"的故事。汉代码头场景以巨幅油画为正侧面和顶面背景，描绘了想象的合浦城址和大海与天空，在三面围合的空间中拉伸了景深，构成立体故事背景。通过人物、屋舍、动植物、货物等微缩模型，场景主体平面想象复原了汉代合浦港口：一方面以考古发掘事实为依据，科学表达了港口与城址、江河、海洋的空间关系；另一方面以汉代历史为依据，塑造人物、屋舍、工具等，向观众提供汉代码头运转的图景，呈现商船启航的具象景观，拉近观众与历史的距离，加深观众对"合浦启航"的体验感。商船船体模型取商船货舱一角的内视视角，利用道具展出在文物藏品展览中数量不多的物品，如金饼、铜镜、陶器等，以及展示因客观条件难以保存或展出的文物藏品，如丝绸、珍珠、波斯陶壶等，补全展览内容，丰富展览空间，营造观展氛围。

由于展览展示空间诠释和氛围营造主要是通过视觉被捕捉和感知的，"合浦启航"展厅的形式设计重视展览展示的空间视觉效果，以广西古代海上丝绸之路的故事场景为媒介，从展览主题出发，综合协调空间规划、灯光使用和色彩选择，追求实现展厅参观舒适度的最大化，营造出能让观众认同的观展空间氛围。

2.碰撞：多元的陈列形式

"合浦启航"展览展出文物藏品265件／套，其中珠饰类藏品数量占比超过80％，展品整体具有种类杂、数量多、体积小、色彩丰富的特殊性，对陈列展览设计有个性化需求。"合浦启航"展览策展团队综合运用分类陈列、复原陈列、模拟陈列、演示陈列、原状陈列等多种陈列方法，灵活利用展墙、展柜、场景设计、数字化展示等多种展示载体，围绕"合浦启航"这个主题，努力向观众呈现"海上丝绸之路"文物的奇趣，表达"启航"蕴藏的时空关系和历史文化。

（1）虚实结合陈列时空关系

在展览内容的第一部分，根据展览内容大纲，为诠释合浦作为汉代海上丝路始发港的地理位置，需要在有限的空间内，清楚地展示重要考古发现合浦汉墓群、大浪古城和草鞋村遗址三者之间的时空关系。为解决这个问题，策展团队一方面利用展墙，呈现遗址地图、线图与实景图，充分提供资料信息；另一方面运用多媒体数字沙盘结合精确投影，呈现遗址考古发掘现场、两座汉代城址与合浦汉墓群之间的时空关系，描绘汉代合浦港的生活场景。

通过墙面投影三维动画多媒体设备，从《汉书·地理志》引入汉代合浦港想象复原动态场景，记录合浦汉墓群、大浪古城和草鞋村遗址的考古发现，简述相关考古研究成果，以虚拟与现实双重画面增强观众观展的浸入感。与动画精确互动的是实体数字沙盘。沙盘向观众呈现等比例缩小的立体地图，标识出汉代合浦郡及与其相连的江海，圈出合浦汉墓群、大浪古城和草鞋村遗址的位置。最后，墙面三维动画与实体数字沙盘通过精确投影，实现声、光、电的同步，向观众交互演示已发掘的遗址区域范围、区域海岸线变化、区域交通走向和港城时空变迁关系。

多媒体数字沙盘（图3-53）向观众提供了形象生动的描述和直观明了的图景，结合墙面图版提供的经审核的详细地图和考古的发掘现场资料，同时满足各年龄层观众的观展需求，多元化地诠释了整个展览的背景信息。此外，考虑到观

图3-53　"合浦启航"展厅中的多媒体数字沙盘

众在汉代合浦港城遗址时空关系这一部分的动态活动区域和讲解员的操作区域需要，策展团队将多媒体数字沙盘设在展线造景的"浪湾"处，即凹陷位置，实体沙盘靠近投影区域，相对应的展板紧凑布局在投影区周围，留出三面开阔区域供观众流动，保证整个展线的流畅性和观众观展的舒适度。

（2）统一主题陈列奇珍异宝

"合浦启航"展览中，"奇珍异宝"类文物藏品的数量占比超过了展示藏品总数量的80%，是整个展览的展示重点。基于这个原因，整个展厅32组展柜，包括独立柜9组、中心俯视柜3组、龛柜10组、台面柜10组，全部采用拥有超强透光率的低反射玻璃、亚克力展托和珠宝展示专用细腻包织布装裱展托，力求提高观赏小体量藏品的清晰度和珠饰类藏品自身纹路、光泽的能见度。

　　依据展览内容大纲，"奇珍异宝"文物藏品主要按照材质和来源分类，分主题进行说明与展示。综合考虑展厅主题氛围、展品属性、观众视觉体验和观展动态区域，策展团队灵活运用四种样式、十种尺寸的展柜来分组呈现不同类型的文物藏品。

　　一是利用中心俯视柜打造"珠宝展示柜"。"合浦启航"展览策展团队通过三个角度诠释玻璃、宝石／半宝石类文物藏品与海上丝绸之路的关系：① 展板配合台面柜，通过传播路线图、材质和纹饰解析等介绍文物藏品；② 中心俯视柜集中展示玻璃、宝石／半宝石及黄金类"奇珍异宝"；③ 大型场景展示展览中缺失的易腐朽文物，如珍珠、丝绸、香料等，演示展品之外的人类活动，如码头运转、货物装船等图景。其中，考虑到文物藏品数量多但整体体积小的特点，策展团队利用中心俯视柜，量身打造"珠宝展示柜"。"合浦启航"展览设三处中心俯视柜，均为 3 米长、1.2 米宽、1.2 米高。展品于中心俯视柜长边两侧分别陈列，集中展示 107 件／组"奇珍异宝"（图 3-54）。我们的陈列模拟"珠宝展示柜"，希望给观众带来广西古代海上丝绸之路珍宝"琳琅满目""熠熠生辉"的感官冲击，引领观众沉浸式体验《汉书·地理志》中"入海市明珠、璧琉离、奇石异物"的海上丝绸之路贸易氛围。展柜内，长边两侧区域呈开放式分隔，采用波浪造型的磨砂亚克力板，寓意"起伏的海水"，与展厅"大海"主题氛围和谐统一，既起到分离区域的作用，又在视觉上让柜内空间显得通透大气。展陈区域使用大小不一的半圆形或圆形亚克力展托，高低错落布局，与波浪造型隔板自然地融为一体，相映成趣。柜内双侧区域各装一排隐藏射灯带提供精准照明，柜外展厅天面处装一排筒灯自上而下不同角度打光，三排灯光同时作用于文物藏品，多角度呈现展柜内玻璃、水晶、半宝石、黄金等材质展品的丰富色彩。此外，为了突出呈现文物藏品，所有文物说明牌都置于柜外，柜内使用数字一一对应标识展品的说明牌序号。

图3-54　"合浦启航"展厅中的中心俯视柜

　　二是利用独立柜实现"货卖堆山"。馆藏耳珰数量众多，"合浦启航"展览选用了35件玻璃、水晶、半宝石和黄金等材质的耳珰。这些耳珰，形制基本是喇叭形或腰鼓形，尺寸小、整体相对统一，包括蓝绿色调玻璃材质和红黄色调玉髓材质两大类，常规的斜面托或平面托不足以呈现文物的立体性，且展品数量较多，在展示时不仅要考虑单件文物的立体性，还要考虑成组展示的美观性和统一性。因此，策展团队大胆创新，将第二部分的有孔耳珰类文物藏品在两个独立柜中集中垂直陈列，展品布局错落有致，既重复又灵活，四周留白，设计风格简洁高雅。柜内展品皆为有孔耳珰，通过金丝软线分组串联，金丝软线上下两端打孔固定在展柜中。为保证文物安全，使用"硅胶隔垫＋金属定位夹"的方式对耳珰进行加固。说明牌集中设在下端梯形展托的斜面处，通过显色和灰色的带序号展品定位示意图，一一对

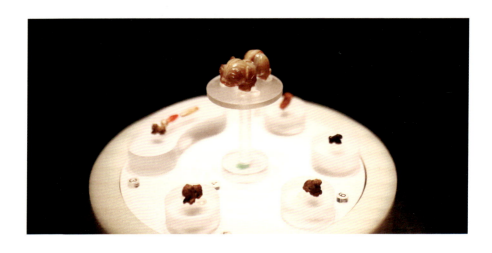

图3-55   "合浦启航" 展厅中的旋转展示台

应进行文物说明。每个独立柜内安装八个隐藏射灯，自上而下打光。灯光下，由于四面透光，耳珰莹润透亮，完美地还原了文物藏品之美。这种陈列方式，不仅能够直观表现耳珰实际佩戴的其中一种样式，更能在有限的展位中，充分利用馆藏，大幅提升文物藏品展示的饱满度和可见度。独立柜靠近展墙，但是预留了一定的观展空间，方便观众360度环绕参观。展墙上方无遮挡处，设有多媒体投影，循环播放耳珰佩戴方式的动画，动态呈现汉代女性佩戴耳珰的四种方式。动画采用线描形式，无底色，直接以展墙为背景，与展墙融为一体。实际展出后，观众对耳珰展示区域表现出极大的兴趣与肯定，两个展示耳珰的独立展柜成为展览中的"网红"打卡点。

    除垂直悬挂陈列的耳珰展示柜外，策展团队还利用一个独立柜集中展示狮形饰六件／套。为充分发挥独立柜的优点，我们用360度旋转展示台代替包织布作展托底座（图3-55）。旋转台外包定制的磨砂亚克力罩，面上放置六个透明亚克力展托支架，中心的一个支架高起，用于展示该组文物中体积最大、纹饰刻画最清晰的狮形饰，另五个展托呈众星拱月之势。独立柜与旋转展示台相结合，模拟珠宝展示中的高级定制展台，充满了设计感，引来游客驻足欣赏，一举把文物体积小（最长 4.3 厘米）的"缺点"转化为文物精致的"优点"。

　　三是利用龛柜进行"橱窗展示"。"合浦启航"展览的文物藏品数量并不少，但是由于大部分文物的体积很小，所以整体的文物体量在视觉上就显得小。在这样的展品条件下，如果使用传统展览通柜直接铺陈展品，则需要使用大面积的展柜和展托，观展动态区域就会缩小。同时，观众欣赏文物藏品所需要的视觉区域会扩大，需要在视线范围内容纳更大面积的展柜和展托，才能让人看到陈列的展品。这样一来，难免会产生展厅空间局促的观展体验，以及展柜、展托等展陈设备"喧宾夺主"的视觉效果。为了避免这样的情况发生，"合浦启航"展览在展柜的选用上更加注重多元化，选择空间感更通透和尺寸更灵活的展柜，并依据展览内容大纲，按照文物藏品所要诠释的文本内涵及其自身的展示需求，量体裁衣，或单独或分组地进行展示。同时，在主题氛围和观展动态空间营造上下功夫，通过统一色调的展墙、融入展墙的展览文字图片说明、低反射玻璃柜面、透明亚克力展托等，多角度弱化展厅中的展陈设施和工具，进一步突出展示文物藏品本身，力求观众"第一眼"就能看到文物，提升沉浸式观展体验。基于以上的空间打造考量，策展团队沿着展墙设了十组四种尺寸的龛柜，用于分组展示文物藏品 31 件 / 套。

　　龛柜的使用，与展厅"大海"主题氛围和谐一致：一方面嵌入墙体，充分利用展墙造型内部空间，与展墙浑然一体，形成整体的空间界面，甚至成为视觉背景，显著扩大空间感，保证了海浪形观展动态区域的完整性和流畅性；另一方面与深蓝色波浪造型展墙浑然一体，形成"商船船舱观景窗"的意象，为文物藏品带来"橱窗陈列"的效果，方便对小件文物分组进行展陈，使呈现的内容模块化，信息传递界限分明，直观易懂。尤其是在展览第二部分向第三部分过渡的大面积长直展墙区域，深蓝色展墙上装饰了数条"相互起伏的海浪"造型隐藏灯带。"海浪"上一

图3-56 "合浦启航"展厅中的龛柜

字排开五组规格大小一模一样的龛柜，宛如船舱中的一排观景方窗，自成一景。十组龛柜中，四组用于集中陈列珠饰类藏品 16 件 / 套。在展示小件的珠饰类文物藏品时，在按材质分类展示的同时，根据文物的种类、用途和尺寸等，选择戒指托、耳饰架、珠饰悬挂立板、蘑菇展示台等造型不同的透明（或磨砂）亚克力展托，使用高低起伏、错落结构等手段进行展示，既突出展品又增添陈列趣味感和生动性。为进一步凸显文物藏品，尤其是小件珠饰类文物，龛柜内设三个旋转头射灯，自上而下给文物精准打光，同时，亚克力展托下叠加亚克力磨砂方砖，帮助文物位于光照最合适区域（图 3-56）。

（3）三维扫描技术复原文物藏品

三维扫描技术作为一种新型的测量测绘方式，具有速度快、精度高的优点，能实现非接触式测量，不仅为可移动文物、不可移动文物的保护和利用提供了相当方便快捷的手段，也为文物藏品的展陈方式带来了新理念和新手段。

　　一是利用三维扫描复制文物。在展览第二部分第二单元"多元文化相交融"中，为了从墓室结构角度阐释广西合浦汉代砖石墓中的域外影响因子，即拱顶造型叠涩穹隆顶，展览需要向观众呈现这种独特的结砌手法。综合考虑展览展示效果、陈列空间限制、项目制作经费预算、后期维护成本和观众视觉体验，策展团队决定向观众陈列等比例缩小的叠涩穹隆顶模型，并重点展示结砌手法。团队以合浦寮尾M13a 东汉晚期墓为原型，通过三维扫描测绘，获取三维坐标数据，建立三维影像模型，由工艺师进行等比例缩小（1∶13），采用相同工艺完成微缩复原场景模型。同时，为更直观地呈现叠涩穹隆顶的结砌手法，特意裸露出模型剖面，并采用半开放式展示方式，允许观众近距离观察模型制作工艺，感受汉代的中外科技文化交流。

　　二是利用三维扫描修复残缺文物。在展览第三部分第一单元"进入八桂腹地"中，我们通过展出广西汉墓出土的牛车，向观众诠释广西境内水陆并举的交通运输网络。展品于 1963 年在梧州出土，牛和车棚尚存，车轮等配件已经缺失。在陈列这件文物时，团队参考相关文献复原牛车使用方式，利用三维扫描技术进行三维打印建模，既达到复原效果，又能完整地将展品充分呈现，优化了观众体验感的同时丰富了展览展示语言。

　　三是利用三维扫描让文物"活起来"。展览第三部分第二单元"通达大江南北"选用合浦县望牛岭一号墓出土的"九真府□器"铭陶提筒残片来展示汉代合浦与九真的交往。我们之所以选择残片，是为了向观众重点展示文物陶提筒内侧的朱书铭文。但是，在文物完整状态已知的情况下，我们也需要向观众展示文物完整状态的信息，并提供尽可能多的补充信息，以确保展品信息传递的完整性，满足观众对观展体验的需求。综合考虑各项诉求，策展团队突破传统实物加图片和文字说明的做法，利用三维扫描技术建模生成三维动画影像，再通过 OLED 屏多媒体展柜以动画方式演示文物残片与文物整体的关系，并展示文物复原状态下可能的用途，直观诠释展览内容，丰富观众的认知体验，提升观展沉浸感。

　　在"合浦启航"展览的文物陈列设计上，内容主创人员与形式设计人员通过多次沟通，不断探索创新展示方式，力求让观众能够多角度、近距离观赏海丝文物的奇趣。在展览展示过程中，策展团队不仅重视各类型展柜的灵活运用、柜内外灯光的设计布局与安装调试和多媒体设备的表达方式，也注重陈列辅助工具的使用和展示细节的完善，如根据展出文物的特质特性定制个性化展具，针对各类珠饰的展示，设计方形、圆形、波浪形等组合展托，并根据重点文物展示需要，配备放大镜、倒映镜等装置充分展示文物细节。

3.探索：参与互动设计

"合浦启航"展览重视展览本身的交流，以观众视觉为主，在保护文物的前提下对展览经费"精打细算"，力求让观众更好地接受展览传递的文化信息，强化展览的教育功能。为实现目标，向观众提供沉浸式观展体验，策展团队综合考虑人机交互、人人交互、人与环境交互等理念，认真地思考了"合浦启航"展览如何引导观众主动接受知识和观众行为对博物馆文化传播的影响，逐步完善"合浦启航"展陈的体验式交互设计。

（1）讲解式交互体验

博物馆展览讲解是以陈列内容为基础，运用科学的语言和其他辅助表达方式，将知识传递给观众的一种社会活动。"合浦启航"展览设计了常见的讲解交互体验，如讲解员讲解和讲解器讲解，其中，讲解器讲解项目向观众提供20件重点文物的详细讲解。除此之外，展览还设计了实物标本展示和科普动画播放等讲解式交互项目。

一是宝石／半宝石原石的展示。我们在展览第一部分设置"知识窗"，在开放式台面柜上展示石榴石、水晶、绿柱石等七类原石标本，并一一对应提供每一类原石标本的科普数据，标本均可被直接触摸观赏。通过"知识窗"，观众能在观展初期快速提炼广西古代海上丝绸之路相关的宝石／半宝石类文物材质的信息，拉近与文物的距离。这种形式更亲和有效地传递展览信息，增强观众体验感。

二是"珠还合浦"典故的动画。在展览的第二部分，对广西古代海上丝绸之路采珠业和广西出土多面体镶嵌工艺金珠的诠释区域，我们设计了动画播放项目。动画描述了《后汉书》卷七十六《循吏列传》第六十六中记载的"珠还合浦"典故，面向不了解这个典故的观众，通过成语故事的形式，在佐证展览内容的基础上，讲解广西采珠业的历史，加深观众对广西珍珠的印象，帮助观众理解展览中相关部分的展陈内容。

讲解式交互体验更多的是单向的输出与引导，适用于科普教育场景，并具有价格低廉、维护成本不高等优点。

（2）游戏式交互体验

"合浦启航"设计了两处多媒体游戏体验区，分别是"知识闯关"和"珠饰搭配"。"知识闯关"设两个游戏台，放置在商船船体模型的外侧，以两个宝箱的样式呈现，与商船货舱局部场景浑然一体。两个木制"宝箱"内嵌多媒体互动设备，装配液晶触摸屏，搭载相同的游戏软件。"知识闯关"游戏分四个环节，分别是"文物放大镜""文物线图连连看""珠饰工艺排序""装船游戏"。在"文物放大镜"环节中，观众可以通过触摸屏360度旋转放大文物三维高清立体图，观察文物细节；在"文物线图连连看"环节中，观众可以通过比对，将正确的文物图片及其相对应的文物线图连接起来，完成闯关挑战；在"珠饰工艺排序"环节中，观众可以先观看珠饰制作工艺流程的动画，然后通过对工艺流程进行正确排序来完成闯关挑战；在"装船游戏"环节中，观众可以在虚拟游戏界面给商船货舱装箱，自由选择装载物品，如金饼、香料、丝绸等。通过"知识闯关"游戏台，我们希望向观众提供部分精美文物的高清立体图，并向观众科普文物线图的样式和广西古代海上丝绸之路相关珠饰类文物的制作工艺，最后让观众"参与海上丝绸之路贸易"，自由选择"货物"并拍照分享"满载"的成果。

　　"珠饰搭配"设两个游戏桌，呈圆形岛台形状，每个游戏桌设四个多媒体互动游戏界面，位于展厅休息椅旁。游戏界面均为液晶触摸屏，观众可以手动选择手链、项链、耳坠等配饰类型，选取各类材质、形态的珠饰进行搭配，串出自己喜欢的珠饰，通过手机拍照保存分享。游戏中的各类珠饰均是广西古代海上丝绸之路相关文物。我们通过图像提取，将所有的串饰类文物以单件的方式呈现，供观众选择搭配。通过"珠饰搭配"，我们希望观众能在"串饰类型""珠饰材质""珠饰形态"等自主选择环节中，走近我们的海丝文物藏品，并通过自发的挑选、搭配等审美活动，体会海丝文物藏品的精美，感受古代广西居民的审美情趣，进一步理解海上丝绸之路带来的交流、合作与繁荣发展。

　　正式展出后，游戏式交互环节深受大小观众的喜爱，观众们都对游戏最后的分享环节提出了更高的要求。可惜，出于局域网络安全的考虑，游戏没有办法实现精美图片的无线网络传播，影响了观众们分享作品的体验。当然，这个属于软件应用层面的问题，我们仍有改进的空间，希望能在不久的将来给观众们带来更好的体验。

　　（3）参与式交互体验

　　"合浦启航"展览在尾厅处设置了观众留言区域，向观众提供留言服务和盖章服务。为了向观众提供沉浸式观展体验，我们打造了深蓝色长波浪形留言台，并提供"汉书"主题留言本。"合浦启航"留言本封面是竹简，上书《汉书·地理志》中"自日南障塞、徐闻、合浦船行可五月……"这一段关于汉代海上丝绸之路的描述。留言本内页是牛皮纸（现在为了引导观众留下文字类发言和节约纸张，改为横线纸），留言笔是和留言本配套的竹子造型签字笔。留言本旁，长期放置"广西古代海上丝绸之路"主题印章，图案为展标和部分文物藏品。为环保和展厅环境考虑，印章一律采用无需印泥、即印即干的光敏印章。

　　留言本的独特样式和展览印章的长期提供，使留言区成为很多观众的打卡点。在留言本里，观众们积极参与展厅工作，留下了很多宝贵的建议和意见。我们根据实际工作需要，参照部分留言改进自己的工作，如调整文物柜内灯光、隐藏文物固定点胶、开发展览衍生文化创意产品等。而主题印章的提供，则吸引观众多次观展。展厅的文物藏品以印章的形式出现在观众们的旅行手账和记事本中，参与观众的旅程。

"合浦启航"展览形式设计忠实于展览内容大纲。策展团队从展览标题和展览大纲各部分标题中提炼出展览的主题"海"，围绕"海"确定展览主题氛围、着手空间营造，做到整个展览从主色调选择、观展空间主体塑造、展标展板设计到场景设计、展柜布局、展托和展具设计、灯光装饰，乃至于多媒体设备的外观设计都和谐统一，力求带给观众完整的沉浸式观展体验。除了静态的表达，展览配套的各类交互动态设计，也表达了我们对传播广西海上丝绸之路文化的决心。其中对于专题学术讲座的设计，是我们对展览动态发展的创新尝试，希望能给"合浦启航"这个以线性文化遗产为专题的文化线路展览带来更持久的生命力。

注 释

〔1〕中共中央宣传部. 习近平新时代中国特色社会主义思想学习纲要. 北京：学习出版社，人民出版社，2023：195.

〔2〕解放思想深化改革凝心聚力担当实干　建设新时代中国特色社会主义壮美广西. 人民日报，2021-04-28 (1).

〔3〕中国博物馆协会航海博物馆专业委员会课题"海上丝绸之路文化交流的回顾与展望：以涉海类博物馆'海丝'展览为考察中心"结题报告，第27页。转引自：赵莉. "海丝"主题展览的跨文化叙事策略探究——以"在最遥远的地方寻找故乡：13—16世纪中国与意大利的跨文化交流"为考察. 东南文化, 2021 (4)：164-170.

〔4〕魏峻. 海上丝绸之路：中国博物馆的阐释与展示（2013—2016）. 中国文物报，2016-12-20 (5).

〔5〕赵莉. "海丝"主题展览的跨文化叙事策略探究——以"在最遥远的地方寻找故乡：13—16世纪中国与意大利的跨文化交流"为考察. 东南文化, 2021 (4)：164-170.

〔6〕刘冬媚. "大海道——'南海Ⅰ号'沉船与南宋海贸"策展解析. 艺术与民俗，2021 (1)：4-9.

〔7〕史明立. 物、空间与叙事：以"四海通达——海上丝绸之路（中国段）文物联展"为例. 艺术与民俗, 2022 (3)：12-18.

〔8〕熊昭明. 汉代合浦港的考古学研究. 北京：文物出版社，2018：153-155.

〔9〕严建强. 信息定位型展览：提升中国博物馆品质的契机. 东南文化，2011(2)：7-13.

〔10〕刘迎胜. 丝绸之路. 南京：江苏人民出版社，2014：318.

〔11〕夏鼐. 埃及古珠考. 北京：社会科学文献出版社，2020：4.

〔12〕白云翔，杨勇. 班诺洼与考山考——泰国两处史前遗址的考察及相关问题讨论. 中国国家博物馆馆刊，2020 (4):82-99；富霞. 东南亚地区发现的汉代铜镜. 考古与文物，2021 (6):92-98.

〔13〕习近平. 携手推进 "一带一路" 建设. 人民日报，2017-05-15 (3).

八桂春秋

The Annals of Guangxi

观 展

文旅融合，一座最有特色的博物馆公园

一、多元的博物馆体验

博物馆已从最初严肃的教育圣殿转向活泼的体验空间。去博物馆的目的和期望因人而异，有人意图明确地想要欣赏特定的艺术品或学习文物知识，有人为了参加有趣的活动，或只是想在展厅或公共空间中闲逛获得某种体验。在新博物馆学的发展和体验消费时代的兴起之下，博物馆越来越提倡参与、互动和对话，教育和学习也变为知识共享和自主构建的过程，博物馆更注重"可及性""包容性""多样性""可持续性"。

在这一点上，开放于 1988 年的文物苑空间是具有超前性的。策展团队在已有基础上以文旅融合的新命题和新要求为指导，重新规划和布局了展馆内外的空间，在收藏、研究、展览、教育、旅游、对外交流的目标下，兼顾可移动文物、不可移动文化遗产和非物质文化遗产，突出"内外结合、动静相辅，有声有色、有滋有味"的多元体验，为公众提供了一座精美、精致的 4A 景区级博物馆公园。

（一）内外结合

博物馆的展示并不局限于可移动文物的展览，而应该包括馆内更大空间的开发和开放；馆内的每一处阐释和展示并非孤立的项目，而是馆内更大项目和计划的一部分，是反映博物馆整体目标和定位中的元素，有助于观众在参观过程中加深理解和记忆。作为广西博物馆最具特色之处，文物苑与陈列大楼有机衔接，形成融室内文物展厅和室外文化景观于一体的游览空间。策展团队延续"室内陈列展览 + 室外景观展示"传统，室内以文物展示为主，而室外则结合基本

图4-1　室外展示：文物苑

陈列展览内容，以共同构建地方文化和城市形象为重点，以期增强观众对广西少数民族地区文化的认识。

1.沉浸式人文景观：少数民族民居

　　文化景观的展示是地方博物馆使命的重要部分，作为不可移动文化遗产，地区建筑是文化景观的主要元素。在馆内，"广西古代文明陈列"明清板块的"桂筑华章"单元专门展示了广西传统建筑，内容包括其形式风格、构造结构，并分别介绍了各地保存较好的民居、戏台、风雨桥等建筑。而在外部空间上，新馆延续了原先富有特点的博物馆建筑。扩建加固了陈列大楼的主体结构，下层悬空的结构体现了壮族干栏式建筑的特点，并保留原有壮锦纹饰。文物苑内建有广西壮族、侗族、毛南族、苗族等少数民族传统建筑，这些建筑建于中心池塘之上（图4-1）。广西博物

图4-2 室外展示：霞客广场（上）

图4-3 室外展示：茶广场（下）

馆素有"水上博物馆"的美誉，如今更映出传统和本土之美。

文物苑建筑的造型取材于各地典型建筑，"壮族民居""苗族民居""毛南族民居""壮族戏台""侗族鼓楼""侗族风雨桥"分别来自桂西北地区、融水苗族自治县安太乡、环江毛南族自治县下南乡、靖西市和三江侗族自治县。除此之外，传统南方建筑通常依山傍水，适应地势，防涝且通风，馆内建筑不仅样式来源有据，而且依苑内地形搭建，突出建筑原理和特征。特别是由侗族建筑匠人凭借经验和手艺搭建的风雨桥，横跨水面，茂树环绕，再现了建筑的自然主义之美。在内部展示上，民居内辅以农具、农家生活用具和民族工艺品原状陈列，实现全方位的阐释。最为精妙的是，这些建筑不仅用于参观，还供游玩、饮食、休憩、行走之用，构造出可观可游的沉浸式人文景观空间。

2.山水文化线路："粤西游日记"

广西风景久负盛名，因此我们也在历史古籍和文献研究的基础上，对山水文化有所展现，以文化线路为主要内容。"粤西游日记"是馆内一个隐藏的小板块，是以历史上著名的文学家、旅行家徐霞客及其所著《粤西游日记》为切入点，将广西历史文化、民族文化和山水文化融入文化景观的阐释和展示中（图4-2）。

策展团队针对线性遗产的特点，运用了数字媒体和空间造景两种展示方式。馆内"广西古代文明陈列"的最后设置了数字互动装置，观众可通过点击地图中的地点名称，了解广西各地旅游线路，并观看徐霞客笔下风光的视频。在馆外，改建团队在苑中设置多处歇脚区，设立石碑，将徐霞客游历旅程归纳为路线和停留点地图，制作摆设"酒"和"茶"的立体造型，并印刻相关文字记载。由此，游客在阅读包罗万象的古籍文字之时，也可在附近找到享受酒食和茶饮之地，体验旅游一般的应有尽有（图4-3）。

（二）动静相辅

广西博物馆文物苑的作用就在于将在室内展厅中静态展示效果不佳的民族文化内容，放入露天的空间中进行动态和活态展示，在具有广西地区特色的建筑和幽静宜人的自然风景的环境中，依托人文景观资源，将广西民族民俗文化的展示和表演融入其中。

1."非遗"节庆和歌舞关联：少数民族歌舞活动

非物质文化遗产的突出特点在于"即时"和"在地"[1]，因此特定的时间和特定的地点是其展示的关键要素。文物苑在改造前一直都有少数民族歌舞演出的传统，每日午间，林中空地上会有民族歌舞排演，每晚7点半开始正式的歌舞表演，全程20分钟，歌舞演员通常来自馆外第三方，在博物馆内形成了类似"传习－演出"的模式。搭建于空地的戏台上日常也有丰富的展演，比如黑衣壮多声部民歌、侗族大歌、山歌对唱、白裤瑶打铜鼓等民族歌舞。在节假日，观众还可以参与壮族舞狮、壮族板鞋舞、侗族多耶舞、侗族打油茶、侗族拦路歌、竹竿舞等互动演出的节目，这些演出同时也是展示民族服饰的一种很好的方式（图4-4）。

在新馆筹备过程中，我们也在探索少数民族歌舞展演的模式，将非遗歌舞与非遗节庆深入关联，突出民族民俗文化的原生特征。2023年4月，我们在国家级非遗和广西法定假日"壮族三月三"期间，开展了民族文艺表演、民族文化交友联谊等系列文化活动。"潮起三月三·壮乡民歌会"依托广西博物馆馆藏文物资源，充分展现民族和非遗项目，突出"文物＋民歌"的展示模式；"八桂青年游广西——潮玩三月三·情系文博交友联谊活动"则是引用了"对歌传情、依歌择偶"的节庆文化符号，运用博物馆平台提供社交，一方面打造了利用博物馆服务社群参与的模式，另一方面旨在传播非物质文化遗产的文化信息。

图4-4 室外展示：民族舞

2.观看和动手结合：陶艺、茶艺坊

文化遗产不仅需要静态的保护和展示，还需要活态解读和传承。借助文旅融合对非物质文化遗产进行开发，实现从博物馆静态保护和传承向为观众提供观看和动手机会模式的转变，这对其可持续发展显得尤为重要。民间民俗文化和工艺品是馆内文物保护和文化传承的一大亮点。在展出馆内 200 余件 / 组历代工艺美术文物珍品的"匠心器韵——馆藏工艺珍品陈列"中，坭兴陶是广西北部湾沿海地区最具代表性的工艺品。展厅中简明地介绍了坭兴陶制作的工艺特点和优点，在展示精致的陶瓶、茶具等实物的同时，以图示的方式再现了制作坭兴陶的古法步骤。在馆外，为了充分利用少数民族地区建筑空间，我们在鼓楼开辟了非物质文化遗产茶艺、陶艺展示和体验参与活动用地，遴选馆外专业机构进行坭兴陶艺和茶艺的展示和传承工作。观众不仅可以欣赏陶器的精美，了解制陶技艺的知识和文化，还能通过亲自动手,学习并参与简单陶器的制作; 或者可以欣赏茶艺师的表演和学习沏茶技艺,体验历史悠久的民间艺术文化的美学和乐趣。

(三)有声有色

广西博物馆的发展和改建伴随着其"参与性"的变迁。过去展厅内的参与在于"参观",表现为传统讲解的单向知识教育及观众的被动输入,文物苑的开创是从文化展示到文化体验的改变,观众能够选择自主学习的方式,而如今文物苑被赋予了新目标,升级的"参与式"博物馆以参与文化为核心,观众与博物馆的关系从传统博物馆中强调物之间的关联或人与物的关联,逐渐演变为围绕着博物馆的定位,提供空间和契机,展开人与人的关联,并最终产生新的文化内容的过程。我们借博物馆新馆开馆之机,举办市集、博物馆之夜等多种活动,使博物馆中的文化讲述变得有声有色。

1."文创+"空间:市集

一种展览起源说认为,展览是由市集演变而来,在欧洲是由城邦的传统市集发展演变而来,在中国则由类似朝会或庙会而来。[2]而对于少数民族地区,市集是反映生活方式和传统习俗的重要形式。在博物馆内举办文创市集是我们的一个传统项目。新馆开馆日,馆内引入了馆外第三方主办的"晋里市集"(图4-5)。

市集为博物馆观众提供了在博物馆中鲜有的"体验",比如扎染艺术、打油茶、剪纸、非遗传拓、竹居钦陶等; 人们也能遇到咖啡车、露营帐篷这些"网红"要素,还可以欣赏相声、曲艺表演,体会旅游般的丰富和乐趣; 此外,市集精选了广

图4-5　市集展销

西本土 60 多家优质品牌，涵盖非遗工艺、国风艺术、传统美食、博物馆文创等等，满足游客的消费需求。这里的焦点不是市集展销的形式，而是为摊主和游客提供了一次交流和互动的休闲过程，促进了博物馆与外界的沟通和联系。

2.延时体验：博物馆之夜和"奇妙夜"

　　除了在日常开放空间中丰富观众的体验外，我们还在开馆时举办了博物馆之夜，并定期筹备"奇妙夜"。

　　在博物馆之夜，我们为博物馆开馆全新编排了歌舞，演出形式包括音乐剧、曲艺、诗歌、杂技等多种，并融合实景演艺、展览、音乐、舞蹈、灯光等元素，将广西博物馆的经典馆藏和重点文物及瓯骆文化、铜鼓文化、海丝文化、民族历史文化四种历史文化进行融合。在改扩建后开馆一个月之际，我们还策划推出了"博物馆奇妙夜"直播活动，在由馆长深度解读广西历史文物展览和故事之余，还有中西和鸣的海丝星光音乐会。音乐会是以常设展览"合浦启航——广西汉代海上丝绸之路"为背景，采用中西乐器合奏，用声音让观众感受穿越千年时光中的文物故事。

（四）有滋有味

随着观众对博物馆体验要求的提高，博物馆餐厅和饮食已经不再仅是一项服务，除了为观众参观提供便利、解决观众用餐需求，在博物馆空间不断升级改造的过程中，文化因素也越来越成为每一处场所和设施规划和设计的标准。广西博物馆在这一方面早有突出的表现。在改造的过程中，我们在对广西博物馆新定位和新理念做出充分解读的基础上，保留了原来的非遗美食展示馆及相关设施的部分，并开展体现博物馆餐厅文化的各种活动。同时，我们将美食融入文创，在新的领域拓展文物元素和文化符号的传递途径。

1.博物馆餐厅文化："非遗美食展示馆"

味觉的体验近年来已成为博物馆界对视觉、听觉之外的多感官理论和实践研究的一个重要方面，在这一方面，博物馆餐厅也许是最为直接的探索方式。广西博物馆内的民族风情餐厅已是 30 多年的老店，它不只是作为用餐场所而存在，而是本身已成为博物馆中的重要文化空间。餐厅将前台、大堂和包间设在少数民族吊脚楼和风雨桥之中，或在露天的林间小道上立棚搭桌，并在屋内展示少数民族非遗美食地图、文字和实物，包括苗族、壮族、毛南族、侗族等，

图4-6　非遗美食：油茶（左）
图4-7　非遗美食：五色糯米饭（右）

与民居建筑相呼应。这样的空间既是博物馆餐厅、博物馆员工的午餐食堂，也是关于少数民族民居的展项，还是"非遗美食展示馆"，实现了空间资源的充分利用和文化元素的广泛渗透。

　　在具体菜品和服务上，餐厅按照陈列展览的方式，根据列入广西非物质文化遗产名录的各地美食，推出了"十大广西非遗美食"，并且设计了"非遗民族特色套餐"；晚餐时间安排民族歌舞表演，非遗美食与非遗表演形成联动展示；每逢"壮族三月三"节日，餐厅也会为观众免费提供油茶（图4-6）、五色糯米饭（图4-7）等少数民族小吃。由此，我们构建了一个契合博物馆主题的用餐环境、富有地域性的展示环境，以及别具一格的社交环境。这里既是博物馆中的餐厅，也是餐厅中的博物馆。这样的设计在不知不觉中丰富了观众的参观和游览的体验，也开启了博物馆餐厅文化的新尝试。

图4-8　凤灯雪糕

2.可以吃的文物："凤灯雪糕"和"铜鼓月饼"

　　阐释文物不仅可以通过讲述它们背后的故事，还可以通过将它们制作成文创，形成热门博物馆 IP。选购文创越来越成为观众博物馆体验的必要环节，其形式更是变得丰富多样。在前期设计制作的 500 多件文创产品中，我们选择并推出了文创美食，以"凤灯雪糕"（图4-8）和"铜鼓月饼"为代表。将文物转变为文化符号，并以文创美食为载体来传递给观众，以别出心裁的方式，让文物"活起来"。

二、面向全龄段观众服务

一个展览如何让不同年龄段的观众都从中有所收获，是我们在场馆规划之初就思考的问题。众所周知，由于观众的年龄、认知水平和知识背景等存在差异，常设展览的设计往往无法同时满足不同年龄段观众的需求。尤其是传统的展览展示内容、展示手法，包括按照成人需求设计的展台高度、深奥的说明牌、暗淡的展厅光线，以及"禁止触摸""请保持安静"等参观礼仪，都使儿童观众的兴趣难以被引起。根据展览内容开发分众化、分龄化的社会教育活动，是当前大多数博物馆解决这一难题的普遍做法。作为一座改扩建的新馆，是否可以紧紧围绕基本陈列，探索"1+N"的更多可能呢？答案是肯定的。在场馆建设之时，我们就将公众服务、教育规划与展览紧密结合在一起，充分考虑不同年龄的观众群体的特征与需求，设置了儿童考古探秘馆、青少年活动中心、历史小剧场等教育空间。每个功能分区都精准定位受众群，根据受众群的年龄和特点拓展延伸展览内容，将丰富多彩的表现形式呈现在观众眼前，有效实现展览为全龄段观众服务的目标。分龄化的教育实体空间、科学规范的分众分层博物馆教育体系，为博物馆主动参与社会、更好地为社会公众服务、充分地发挥社会教育职能提供了更大的舞台和更广阔的空间。

（一）儿童考古探秘馆：低龄段儿童的博物馆乐园

1.寓教于乐的趣味空间

让低龄儿童爱上博物馆最有效的方法，就是让展品"萌起来"。儿童考古探秘

图4-9　儿童考古探秘馆

馆是我们为0—12岁的少年儿童设计的主题互动乐园，通过创设适宜的环境和项目来为青少年、低龄段的儿童提供不同内容的博物馆教育环境，为孩子们构建一个寓教于乐的参观环境（图4-9）。根据儿童不同的年龄特征和需求，探秘馆分为四个主题展区，分别是"文物萌趣园""宝藏创想园""考古体验园""文物修复园"。

儿童考古探秘馆的内容与形式设计均与基本陈列有着密切关联，它改变博物馆"不可触摸"的观展常态，引导儿童动手参与考古发现过程，借助仿制文物、墙绘、玩具、游戏、音效等元素，构建了一个富有童趣的博物馆环境。在"汉代陶屋"里滑滑梯、捉迷藏、过家家，与"陶灶"聊个天；动手体验新石器时代古人类的"石磨盘""石磨棒"，和"花山岩画"上的小人一起共舞，触摸新石器时代的螺壳，与古人"对话"；在"考古现场"感受考古发掘的乐趣，学做一名"文物医生"……整个探秘馆被打造成乐园版的展览世界，陪伴孩子的参观过程，让他们和博物馆里的"文物"一起听故事、玩游戏，在心中留下博物馆、文物、历史的点滴印记。在色彩和环境氛围的营造上，我们也以幼儿身心发展规律为依据，选取了蓝色、绿色、橙色等富有感情和自然气息的纯色调，做到既丰富又协调，互成对比，搭配形成简单、明快、亲切、活泼的色彩氛围，为孩子们创设良好的"心情环境"。

2.博物馆奇妙之旅

围绕儿童考古探秘馆的内容和展品，我们探索展览空间的内涵表达，开发丰富的课程，组织有趣的游戏活动。为进一步拉近与儿童的距离，我们设计了考古学家古博士、小男孩壮壮、小女孩美美三个卡通形象，与博物馆教育员共同带领孩子们开启博物馆奇妙之旅。考虑到儿童活泼好动、注意力集中时间短的特质，探秘馆每场活动时长定为一小时，包括场馆介绍、趣味课堂、自主体验三个环节。其中场馆介绍为5分钟，主要介绍场馆的基本情况、设施设备及游乐方式；趣味课堂环节为15分钟，由博物馆教育员进行引导授课（图4-10）；自主体验的活动时间约40分钟，

图4-10　儿童探秘馆中的趣味课堂

孩子们可在家长或工作人员的指导下，在场馆内的各个展区进行游戏体验。目前，我们已经开发了"广西先民吃什么""考古有学问""广西先民的记事本""文物修复有学问"四个儿童趣味课程。

在整个学习与活动过程中，我们鼓励孩子们积极表达自己的想法，培养他们的动手操作、社交协作能力与审美意识，激励孩子们在不同的环节学习成长。在儿童考古探秘馆，孩子们认识了羽纹铜凤灯、铜鼓、花山岩画，知道了甑皮岩遗址、顶蛳山遗址、干栏式房屋，了解了广西先民为了吃和住有多努力，明白了考古的价值和意义，体会了文物修复的专业与艰辛……热爱历史文化的种子在他们心中萌芽。当他们从儿童考古探秘馆再走进陈列展览展厅，就会发现展览中的许多文物都是他们认识的"朋友"，从而激发出更多的兴趣。

　　　　两岁的娃也能在这里找到乐趣！昨天来过了，今天还要来！

　　　　这里真是南宁隐藏的遛娃宝地，虽然面积不大，但每一环节都让人惊喜，既能让娃放电又能学知识。

　　　　有小姐姐带着学习，滑滑梯、独木桥、沙池、考古互动屏、陶瓷修复、光影绘画……超值！娃玩得不想走了！

　　家长们在社交平台上纷纷给出了好评。自开放以来，儿童考古探秘馆热度持续高涨，成为亲子家庭的热门打卡地。

（二）青少年活动中心：中小学生的欢乐大课堂

1.智慧化社教空间

　　青少年活动中心是我们打造的以青少年道德素质培养、习惯养成、文化艺术教育为主体，具有地域特色的博物馆研学实践教育场所（图4-11）。功能区域主要分为智慧研学教室、手工美育教室、共享空间和教师用房。其中，智慧研学教室是为学龄段青少年开展研学实践活动、提供博物馆研学课程的场所，手工美育教室为青少年和低龄儿童亲子家庭提供美育手工体验项目，共享空间供陪同家长休闲休憩，教师用房则是用于教具存储及教育人员备课的区域。活动中心的空间设计突出开放、灵活、互动的特点，在多彩世界中展现青少年的活力。具有广西历史文化元素的文

图4-11　青少年活动中心

物造型图案，提高了场所的识别度，与空间环境完美匹配，展现出博物馆的别样文化气息。

在青少年活动中心规划之初，我们便把"建设全国领先的智慧研学教室"作为重点目标，坚持在建设过程中以"互联网＋教育"的思路，打造出满足各类教学手段和模式的教室环境，使普通的博物馆教室更功能化、层次化、智能化。活动中心引入的"一平三端"智慧教学系统，以智慧教学平台为中心，涵盖课前、课中、课后的日常教学全过程，能对授课全过程进行即时数据采集、云端分析处理和即时结果反馈，还具有录播和云直播互动功能，实现智慧环境下教学新生态的构建。在这里，智能黑板取代了多媒体投影仪和幕布，实现实时编辑标注和保存，使传统教学模式向信息化模式转变。教室配备了48套可组合桌椅及48台平板电脑，学生与教师可通过平板电脑与智能黑板进行实时互动，学生可以将终端设备上的内容投到智能黑板上和大家共享，教师也可以利用中控面板将自己或任意小组学生的屏幕分享到每一位学生的屏幕上，轻松实现组间互动和集中讲评。博物馆课程关注分享和讨论，这样的教室正适合进行小组展示、比较和互动。授课教师在各个小组间穿梭，听取学生发言，发表自己的见解。教学现场更像是小组研讨，气氛轻松而热烈，高参与度使学生精力更为集中，提高了学习效果。当前，拥有此类智慧研学教室的博物馆，我们当为首例。

2.多彩的研学课程

　　区别于以静态展示为主要表现形式的陈列展览，青少年活动中心主要以动态的互动课程及体验项目为主，并根据不同的主题、季节、节日等设计主题体验活动，配合相关课程和活动，开发相应的多媒体课件、手工教具、科普教材等，促进全区博物馆青少年素质教育工作的开展及成果转化与推广（图4-12、图4-13）。

　　本着可持续、品牌化、系列化发展思路，在对场馆进行改扩建升级的同时，广西博物馆社教团队早早将教育规划及研学课程的提质升级纳入工作范畴。组织专门的课程研发团队，综合考虑新展览和新的互动教育空间，以展览及其所展出的文物为课程载体，形成结构化内容，采用情景化学习模式，设计了全新的博物馆研学课程。围绕瓯骆先民的生存与发展，从人的基本生活需求——衣、食、住、行，以及工匠技艺、商贸往来、文化交流、科学技术、艺术美学九个方向搭建课程体系，同时结合社会职业、社会角色及社会活动，让参与者代入社会角色去认识、了解广西历史文化，同时延伸到当下生活，体验丰富多元的职业身份，调动学习者的积极性。课程以展览为重要阵地，展教结合。如在"衣"每日穿搭课程中主讲壮锦，会涉及罗泊湾回纹壮锦残片、骨针、羽人纹饰铜鼓等广西特色藏品，"食"主题课会涉及百色手斧、石刀、石磨盘等博物馆常见展品。课程包括"破冰"互动渲染氛围，"展厅寻踪"了解知识点，课堂讨论、实验或创作体验，分享总结四大环节，充分利用探究手册、结论单、视频等中介工具来引导"展厅寻踪"和支持课程。作为课程的重要环节，"展厅寻踪"一般是在探究手册指导下，带着问题和信息提示，目标明确地在展厅探索，如观察青铜器相关纹饰等，避免"走马观花"式整体观展。而同一主题的系列课程，也会因面向不同受众，课程重点、目标不同，设置更有针对性的展厅参观环节。

　　除此之外，每逢双休日和节假日开展的"文化遗产周周学"手工体验活动也是青少年活动中心深受欢迎的项目（图4-14），目前已设计推出"瓯骆文化系列""海

图4-12　研学课程（1）（上）
图4-13　研学课程（2）（下）

图4-14　"文化遗产周周学"
手工体验活动

丝文化系列""花山文化系列""传统节日系列""二十四节气系列""汉服系列"
等以动手为主的美育手工课。让青少年通过手工制作感受文物之美、历史之美。

自开馆以来，青少年活动中心的研学课程备受关注，活动名额总在短时间内被
抢订一空，预约课程的学校和班级络绎不绝。学生、老师和家长给出一致好评，大
家纷纷表示：

> 我最读不进历史书了，但我对历史还是很感兴趣的。这次活动让我改变了
逛博物馆枯燥的刻板印象，原来，去博物馆还可以这么玩！

> 孩子满载而归，感恩博物馆举办的活动，孩子从中收获了知识，开阔了眼
界，收获了友谊。

> 很生动的一堂课，还有好玩的游戏，这样的博物馆我还要来。

博物馆的老师带领孩子们发现历史文化、民族文化之美，启迪孩子们追寻古人的智慧，在孩子的心里种下了一颗颗文化的种子。

……

（三）历史小剧场：中青年群体的"沉浸式"观展空间

1."沉浸式"演艺新业态

文旅融合的大潮下，互动式体验、文化赋能的"沉浸式"新业态应运而生。广大观众尤其是中青年群体不再满足于静态的展陈方式及传统固化的观赏模式，博物馆需要将身体多种感官调动起来，跨媒介的剧场和演出便是满足观众参与和介入展览需求的途径之一，可以让观众从"走近历史"到"走进历史"，真实地进入历史情景中。我们的历史小剧场就是展陈媒介的"加法"，一个以馆内展览及馆藏文物为基础，通过话剧、音乐、舞蹈、戏剧及综合展演等形式，借助多媒体技术呈现"沉浸式"展演的空间。目的是帮助观众们更好地理解展览、认识文物，让文物所承载的千年文明贴近当下时代，走进年轻群体生活圈，为大家提供多样化与特色化的展览服务。

历史小剧场占地 387.6 平方米，其中演出区域为 239 平方米，观众座位 110 个，剧场虽小但"五脏俱全"（图 4-15、图 4-16），在舞台设备方面，我们摒弃了实景搭建的方式，加入了全息投影、虚拟现实、3D Mapping 等多重科技手段和多维空间特效，在传统表演的基础上，将表演与炫彩光影融会贯通，营造出虚实结合、亦真亦幻的沉浸之感。在展演内容方面，我们也进行了多方面的考虑，选取了"广西古代文明陈列"与"合浦启航——广西汉代海上丝绸

图4-15　历史小剧场展演（上）
图4-16　历史小剧场（下）

之路”两大基本陈列展览中最具代表性的文物，将石铲文化、花山文化、铜鼓文化及海丝文化串联起来，创作了《梦见瓯骆》多媒体舞台秀。该剧以时空穿越的叙事结构，共分为“石铲祈丰年”“翩跹舞山间”“鼓乐震八桂”“启航丝路梦”四个篇章，以主角壮壮的梦境为线索，让观众在故事中偶遇大石铲时代的布伯、花山岩画场景下的祭祀、铜鼓上的鹭鸟和汉代出海的使者，在奇幻的旅程中感受到文物“活起来”的魅力。

2.中青年群体的观感体验

近年来，18—45岁的中青年群体逐渐成为“博物馆热”的主力军，他们会在一些社交媒体上分享自己打卡博物馆的体验，形成了“逛馆”文化新风尚。历史小剧场推出的《梦见瓯骆》多媒体舞台秀正是探索更符合这一群体体验模式的成功实践（图4-17、图4-18），有效拓展了这一主力军群体在博物馆的体验边界，打开他们观展的新世界。在开演后9个多月的时间里，《梦见瓯骆》共演出110余场次，迎来了将近1.2万位观演人员。分析观演人员的年龄层段发现，18—45岁的中青年群体占比高达85%。他们观演后纷纷给予了肯定的评价：

> 原来铜鼓上的纹饰变成舞蹈这么美！这真的是一种沉浸式的体验，刚才看过的展览内容历历在目，这样的演出让我更能体会到展览的内涵。

> 很棒的体验！谢幕了大家都意犹未尽，知识点满满。

> 太惊艳了！在声光电的加持下，瓯骆人的生活的画卷栩栩如生。
> ……

图4-17　历史小剧场《梦见瓯骆》多媒体舞台秀（上）

图4-18　满座的历史小剧场（下）

（四）空间不设限：全龄段观众身边的博物馆

新时代博物馆的高质量发展离不开创新，在新馆的建设过程中，我们始终坚持探索创造性转化、创新性发展的渠道和方式，策划和推出更多富有创意的活动，让博物馆从"馆舍天地"走向"大千世界"，打造全龄段观众身边的博物馆。

1.行走的广西博物馆

"行走的广西博物馆"是我们做出的一次新探索、新实践。项目通过跨界合作的方式，用"汽车＋展览＋文创＋研学"的形式，拓展博物馆的展示空间，加大传播力度，用更时尚年轻的审美表达方式，呼吁更多人了解广西灿烂的文化历史，激发文化自信。

项目以展览为主题，打造了八辆主题车（图4-19），每一辆主题车对应一个展览。通过融合展览主题、提炼文物元素的方式，设计出创意车贴造型，让汽车变身为广西历史文化的移动宣传大使。比如"广西古代文明"主题车，选取了翔鹭纹铜鼓、羽纹铜凤灯、羊角钮铜钟等文物为设计灵感，展现广西独具特色的地域文化；"合浦启航"主题车，以"广西汉代海上丝绸之路"陈列中的福船、淡青色弦纹玻璃杯、琉璃璧等文物为图案，搭配海浪、远山，展现汉代海上丝路的璀璨历史……

项目自推出以来，先后走进四家商场、十余所学校、两个社区开展活动，参与人数超过15万人次。独具创新性的项目内容和形式也引起了广泛关注和好评：

这种活动的形式非常有趣，让我觉得这些平日收藏在博物馆里的文物

图4-19　"行走的广西博物馆"之展览主题车

离我们并不遥远，而是可以和现代结合在一起的。我特别想走进博物馆去看看
这些宝贝。

文物改装车开进校园的形式让文物元素及其背后的历史文化都"活"了起
来。在让学生领略科技与文化魅力的同时，也激发了他们的热爱祖国、热爱家
乡之情。

这种新颖的活动深得广大群众的赞赏和喜爱，是一种值得继续探索、推广
普及的创新形态。

······

2.跟着博物馆游广西

　　"跟着博物馆游广西"是我们在文旅融合的时代背景下精心打造的博物馆研学旅行项目。项目以馆藏文物、展览和文博业内动态为线索，针对不同年龄段观众的学习认知特点，运用"串珠成链"的思路，以博物馆作为"文化中枢"，将"读景、读书、读史"与"游历、游玩、游学"紧密结合起来，以研学旅行的方式向外拓展博物馆的教育空间，带领参与者走近广西深厚的人文历史和山清水秀的自然风光，领悟多姿多彩的八桂文化，为广大青少年利用博物馆进行学习提供了更为丰富、更为专业的平台（图4-20、图4-21）。

　　该项目于2017年开始实施，目前已开辟了8条主题研学路线，横跨4省20余个地市，开展研学旅行活动近60场次，参与研学的青少年超过2000人次。2023年新馆开放后，结合"广西古代文明陈列""合浦启航——广西汉代海上丝绸之路"两个陈列在暑期推出了两场活动，分别为"寻找消失的南越国""寻找千年海丝印迹"两个主题。

　　从"博物馆里的广西"到"跟着博物馆游广西"，我们的研学旅行主题涵盖了广西地区的历史文化、海洋文化、边关文化、山水文化与民族文化，并以广西为起点走向外省，探寻省区间的文化交流互融，与几十家博物馆和文物保护单位，形成跨地域联动合作的良性发展模式。在联合各地市博物馆开展研学旅行教育活动的过程中，也充分调动了各地博物馆的积极性，推动了博物馆教育工作的发展与创新，不断深化文旅融合。

3.线上展示传播

　　在当前的时代背景之下，文化的"公共空间"正在发生巨大变化，互联网为博物馆文化的传播提供了新载体、新平台和新方式。为做好展览的宣传工作，丰富观众的观展体验，我们合理利用新媒体，充分发挥它们在展示传播中的积

图4-20 "跟着博物馆游广西"研学旅行项目（1）（上）

图4-21 "跟着博物馆游广西"研学旅行项目（2）（下）

极作用，采用视频、音频、海报、图文、直播、H5、小程序等形式，在网络电视、抖音号、视频号等平台进行展览的传播。推出了"广西博物馆重遇计划""我与广西博物馆的故事""馆长说""策展人说""桂宝档案""瓯骆学堂""广西文物 DOU 起来""行走的广西博物馆"等专题，线上内容的观看量、播放量累计超过 2 亿人次。此外，我们还与媒体加强合作，推出高质量图文、视频内容，有效丰富云端展示效果，让历史文化在现代性境遇中得到传承与创新。如与央视新闻合作推出"广西古代文明陈列""合浦启航——广西汉代海上丝绸之路"展览直播；与广西云合作"'西'世珍宝·博物志"专题，对馆藏文物进行趣味解读；与广西电视台合作《广西故事》系列专题片，深入挖掘文物背后的故事……通过"线下 + 线上"的融合模式，我们不断加大博物馆文化的传播力度，以此来打破时间和空间的局限，让观众即使足不出户也能欣赏展览、了解文物。今后，我们将进一步拓宽思路，更巧妙地借助科技手段，开发更多线上线下相结合的产品，不断满足人民日益增长的美好生活需要。

随着展示环境全面改善，我们将在守正创新中充分发挥社会教育、公众服务职能，提炼展示中华文明的精神标识和文化精髓，讲好中国故事，传播好中国声音，打造一座有温度、有深度、有高度、有趣味的博物馆，在实践中唤醒、激活、弘扬中华优秀传统文化，使之焕发勃勃生机。

三、让历史和创意走进生活

围绕"广西古代文明陈列""合浦启航——广西汉代海上丝绸之路"两个基本陈列，广西博物馆开发了一系列文创产品。

在展览筹备阶段，文创中心工作人员主动向策展人请教、积极参加展览评审会，深入了解展览主题、叙事线索、重点展示内容、重要藏品及背后的故事；多次召开文创产品开发讨论会、专家评审会，深挖展览中广西历史人文内涵，甄选特色文物开发文创产品，以自主研发和跨界合作的方式让产品类型渗透多个领域，巧用广西非遗技艺、本土原材料等，聚焦文化性与创新性结合、审美性与功能性结合，让文物"活起来"，融入百姓生活，让文化自信厚植百姓心中。

经过大家数月努力，富有文化内涵、凸显创意、备受市场青睐的博物馆文创"好物"，包括瓯骆遗粹、翔鹭迎春、铜凤灯、大铜马、瑞鸟葡萄纹、十二面金珠等共计 30 个系列 117 种 87325 件文创产品，定价在 2—3800 元，配合展览开幕同步上线展售，赢得了大众喜爱。

（一）系列特色文创产品的研发

1.将历史记忆和文化赋能产品，生动诠释展览主题

如何让"广西古代文明陈列"中极具特色的翔鹭纹铜鼓、羽纹铜凤灯、人面羊角钮铜钟等"高冷"的文物释放时代的温度，以多样的方式讲好广西历史故事，让

更多的人在感触历史中增强文化自信和民族自豪感？文创重在"创"，我们挖掘文物特有的文化内涵，将历史记忆和文化赋能产品，生动诠释展览主题。文创产品开发渗透到多个领域，"博物馆＋科技、旅游、游戏……"开发的产品类型丰富、定位定价合理、文化内涵深刻、创意特色突出，赢得广大观众的青睐。

（1）"博物馆文创＋科技"

我们思考将文物与科技手段相结合，利用传统技法和现代科技，不断寻找新切入点，衍生各种创意，以增强博物馆文创产品的科技性。尤其结合现代声光电技术和人工智能技术，将科技含量和文化价值赋予博物馆文创产品。根据馆藏文物人面纹羊角钮铜钟的外形，我们巧用科技赋能产品，创意开发"精巧于型、精妙于音——羊角钮钟蓝牙音箱"（图4-22），让古韵换新颜。

以科技为后盾，为文创产品的艺术呈现提供技术支持和保障，不断吸纳新技术、新材料，保证创意的完美表达，提升产品的品质。如翔鹭迎春桌面清洁器、摩竭纹变色雨伞（图4-23）等。

（2）"博物馆文创＋游戏"

我们认为"活起来"的传统文化更有吸引力，以新颖的方式和有趣的叙事风格，拉近与年轻人之间对话的距离，激活兴趣，唤醒记忆。如石髓珠3D拼图钥匙扣（图4-24），以馆藏文物蚀刻石髓珠为设计灵感，将其独特造型、色彩以拼图游戏形式表达，寓教于乐。

还有瓯骆遗粹系列产品之DIY掐丝珐琅画（图4-25），我们选取馆藏羽纹铜凤灯等六件特色文物，以DIY掐丝珐琅画形式呈现。铜凤灯等文物图案跃然而出，特别适合亲子合作动手制作。

2.各美其美、美美与共，再现广西海丝文化之美

广西出土海上丝绸之路的相关文物如水晶、玛瑙、金饰品、胡人陶俑等，

图4-22　羊角钮钟系列产品之蓝牙音箱（上左）

图4-23　摩竭纹变色雨伞（上右）

图4-24　石髓珠3D拼图钥匙扣（下左）

图4-25　瓯骆遗粹系列产品之DIY掐丝珐琅画：铜凤灯（下右）

图4-26　弦纹水晶玻璃杯〔左〕

图4-27　十二面金珠系列产品之珍珠项链〔右〕

反映广西北部湾地区在古代海上丝绸之路中的重要地位和作用，我们据此融入广西海丝元素开发文创产品，凸显广西地域特色、文化特色和时代特色：美器、美物，各美其美、美美与共。

　　（1）打造美器——茶具，感受海丝文化之美

　　我们以现代的水晶玻璃，经再造，成极似水晶的器皿，让大众感受海丝文化之美。如弦纹水晶玻璃杯（图4-26），创意来源于馆藏文物淡青色弦纹玻璃杯，等等。

　　（2）创意美物——饰品，再现海丝文化之美

　　广西合浦县产的珍珠又名南珠，晶莹剔透，圆润有光泽，历代闻名于世，我们将文物上精美的纹样巧加南珠创意饰品，如"'她'的魅力　不止一面——十二面金珠系列产品"（图4-27），以馆藏文物十二面金珠为原型，增添广西南珠点缀，设计珍珠项链、吊坠、耳钉、手链，将十二面金珠独特造型及艺术美感以首饰形式表达，再现海上丝绸之路的文化之美。

图4-28　瓯骆遗粹系列产品之水晶精油皂（左）
图4-29　瓯骆遗粹系列产品之翔鹭迎春胸针（右）

3.专题系列化开发产品，拓展文化的传播力、影响力

当下，不少博物馆文创产品开发设计的整体规划意识较弱，产品和产品之间缺乏协同关联，单个产品居多，系列产品较少，不利于推广宣传，也无法吸引二度消费，更难以将产品的主题元素进行深度与广度的挖掘。

我们注重创新专题系列化开发产品，即确定一个主题进行产品开发后，考虑跨学科、跨领域的素材整合及活化表现形式，形成不同形式、规格、材质、功能和价位的系列产品。产品间既有相互依存的关联性和个体自由表现的独立性，又有聚合发挥更强作用的组合性，产品各自承担不同的角色，为共同实现整体目标而构成系列，全方位地调动消费者的视觉、触觉、味觉等，可满足不同消费群体的需求，更能引发广泛的兴趣和关注。

一是形成互相促进的、品类丰富的系列化产品，拓展文化传播力、影响力。博物馆文创产品传递历史上特定时空里的审美情趣和内涵文化，如瓯骆遗粹系列产品，包含水晶精油皂（图4-28）、饰品（图4-29）、斜挎包等系列产品，多元化的产品吸引大众眼球。

　　二是依据年龄、性别等差异特征开发系列产品，满足不同人群的需求。随着大众收入稳步提高、消费观念逐步改变，市场细分也越来越明显，个性化、多样化消费会成为消费增长的重要趋势。面向走进博物馆不同年龄观众的调查数据显示，人们更加青睐个性化、多元化、特色化的产品。我们细分消费诉求，针对年龄、性别等特征开发产品，更精准地满足不同人群的文化需求。

　　针对儿童年龄特征，开发卡通文物系列产品，包括凤灯毛绒玩偶、卡通文物系列产品、大铜马系列产品等，受到孩子们的追捧（图4-30、图4-31）。

　　针对女性观众，根据她们在意外观、个性化和愉悦感的特征，开发能够彰显独特品位的瑞鸟葡萄纹系列产品（图4-32），包括丝巾、眼罩、化妆包、保温杯、手机挂绳、口罩等，产品一经上市销售，好评如潮。

　　针对男性观众，他们的消费正向多元化、专业化、个性化、定制式的方向不断演化更新，我们开发的产品有摩竭纹冰袖（图4-33），创意来源于馆藏文物宋藤县中和窑摩竭水波纹瓷印花碗模上的摩竭纹，传递吉祥如意的美好寓意，又兼具实用功能。

　　我们不仅将传统文创产品的设计时尚化、年轻化、亲民化，让不同人群乐于接受，同时还将平安富贵、吉祥如意、福寿绵长等寓意通过设计保留其中，给广大消费者带来穿越千年的祝福，收获众多粉丝，人气满满。

（二）自主研发与跨界合作模式

　　广西博物馆文创产品开发模式以自主研发和馆企、馆校结合的跨界合作并存，我们甄选特色文物开发文创产品，挖掘广西历史人文内涵、展现广西形象、讲好广西故事，以让文物"活起来"、让观众把博物馆与记忆"带回家"为目标，

图4-30　面向儿童系列产品（1）（上左）
图4-31　面向儿童系列产品（2）（上右）
图4-32　瑞鸟葡萄纹系列产品（中）
图4-33　摩竭纹冰袖（下）

图4-34　花山·DIY祈愿灯

从"博物馆文化赋能，点亮美好生活"出发，探索文创产品开发新模式、新方法。

1.自主研发

我们深入挖掘传统文化与现代生活的契合点，努力推动优秀传统文化与百姓生活相结合，不断促进文化创新与人民对美好生活的向往的结合，让人能从中找到情感共鸣，找到思想共振，赢得了较好的市场价值和用户美誉度。

（1）找准文化传承的精神内核，提升文创产品的价值魅力

广西历史文化资源丰富，我们挖掘其深厚的文化内涵和丰富的精神内核，重视文化提炼、重塑和再造，以提升文创产品价值魅力。开发"匠心手作　非遗传承——羊角钮钟漆筷套装"，创意来源于馆藏文物人面纹羊角钮铜钟。

（2）增强文化讲述的叙事能力，突出文创产品的精神价值

我们从大众耳熟能详的广西历史中深挖文物及背后的故事，用故事捕捉大众的兴趣点，创意经典文创。如花山·DIY 祈愿灯（图4-34），我们反复推敲、

图4-35　龙凤呈祥坭兴陶快客杯（左）
图4-36　瑞鸟葡萄纹方巾（中）
图4-37　翔鹭迎春耳环（右）

打磨广西左江花山岩画文化内涵与创意考究，把神秘古朴的形象用粗犷有力的线条绘制在花灯上，再现骆越先民祈愿场景。

（3）探索文化呈现的本土味道，创新文创产品的表达形式

我们特别注重突出广西文化的"本土味道"，将产品开发和入选国家级非物质文化遗产代表性项目名录的坭兴陶烧制技艺，以及广西本土原料桑蚕丝等相结合，让文创产品凸显广西味道、别具一格。

其一是用好广西非遗技艺。如巧用坭兴陶烧制技艺开发"旅行必购"的茶具类文创产品龙凤呈祥坭兴陶快客杯（图4-35），实现了"广西文化＋非遗技艺"的完美融合。

其二是用好广西本土资源。广西独特的地理位置和气候条件使得物产丰富，桑蚕丝、茶叶、南珠等为本土特色文创产品开发提供丰富资源。如将特产桑蚕丝与文物元素相结合，开发文创丝巾"瑞鸟葡萄纹方巾"（图4-36）等产品；将南珠（合浦珍珠）与文物图案融合，创作翔鹭迎春胸针、耳环（图4-37）、吊坠等饰品，彰显时代审美理念。

2.跨界合作

文创产品"跨界"创新的背后，是合作模式"跨界"的多方参与。广西博物馆文创产品开发跨界合作，将博物馆的文化资源优势和本地企业的市场优势结合起来，与高校共同培养文创人才，通过"博物馆＋企业""博物馆＋高校"的方式，发动社会力量参与文物故事的讲述、文化遗产的传承，以创新性的文旅融合赋能广西博物馆文化品牌，实现社会效益和经济效益的双丰收。

（1）IP授权、联名出品，文创开发共享、跨界融合创新

我们积极联合社会企业、高校，结合现代工艺和现代审美，推动传统文化与现代时尚在设计创作中融合转化。

其一，跨界合作推出"螺蛳粉"。我们紧紧围绕广西博物馆办馆特色"有滋有味"，开发的产品不仅包括学习用品、生活用品，还有地方美食产品。面对层出不穷的文创，我们将目光瞄准了"吃货"，将美食与博物馆文化有机结合，获取IP授权，与企业联名推出特色螺蛳粉（图4-38）。外包装上，我们提取广西博物馆馆藏文物铜釜和翔鹭纹铜鼓的经典图案，巧作设计，与广西非遗柳州螺蛳粉文化、北部湾特产海鸭蛋相结合。

其二，跨界合作开发"六堡茶"。我们联合企业和高校，以手绘茶船古道和列入联合国教科文组织人类非物质文化遗产代表作名录的六堡茶制作技艺，开发了"广西礼物：六堡茶"（图4-39），这是广西梧州六堡茶与广东新会生晒小青柑的结合。

（2）跨界联合开发数字文创，增强交互性和趣味性

经改扩建的广西博物馆重新开馆之际，我们联合广西元宇宙艺术有限公司设计"有凤来仪·数字纪念藏品"，对公众免费发行，让所有关注广西博物馆的公众都能拥有一份来自广西博物馆的"开馆伴手礼"，展现博物馆"免费开放、文化共享"之要义。数字文创运用虚拟现实技术，到馆观众可使用手机等

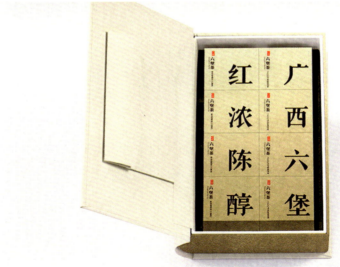

图4-38　联名产品：螺蛳粉（上）

图4-39　联名产品：六堡茶（下）

移动设备与馆藏文物羽纹铜凤灯进行合影互动，并分享到社交媒体上，体验羽纹铜凤灯化为瑞鸟凤凰的瞬间。观众还可通过"上载新生"App，限时限量免费领取数字文创，拥有数字文创的藏家自动成为广西博物馆文创商店的普通会员，在文创商店消费时出示该数字文创，可享受普通会员待遇。我们打破了传统的实物产品界限，延伸到无形的产品之中，对博物馆文创原有内容创新开发，扩大其外延，实现价值的自我创造，是跨界合作的一次"升级更新"。

（3）联合企业、高校举办海丝专题展文创大赛，集聚文创设计新生力量

对于博物馆文创开发，我们注重社会的参与和互动，在大众创新、设计大赛等方面不断探索，以"合浦启航——广西汉代海上丝绸之路"展览中的文物为创意元素，与企业、高校联合举办"2022年广西壮族自治区博物馆'广西海上丝绸之路'文化产品创意设计大赛"，不仅对博物馆的展览进行了有效宣传，而且汇聚社会创新设计资源，为博物馆开发优秀而有影响力的文创产品打下良好基础。

参赛企业及高校学生在提升文化品位和文化感受力的同时，积极参与文化传承和发展。优秀作品还有机会通过大赛实现转化落地，让博物馆助力设计的商业转化。

博物馆与社会跨界融合，用文化搭建共享平台，用双赢集成创新合力，用时尚激活传统文化，从而形成良性循环的具有立体感和纵深感的博物馆文化圈，实现文化事业与文化产业"1+1>2"的倍增效应。

（三）以展促销的文创产品营销模式创新

博物馆的文创产品具有情感附加价值、文化附加价值、创意附加价值和深厚历史内涵，产品市场营销必须创新，才能增强产品的竞争力，获得消费者喜爱。

1.打破传统，推陈出新

我们打破传统的文创产品销售模式，推出以展促销的新营销模式：在馆内三楼中厅设置不同主题特色的文创精品展售区，在一至三楼公共区域设置自助纪念币、饮料销售区，在一楼设置文创商店，整体统筹安排，文创销售面积达到860平方米，有类型丰富的文创产品可供观赏挑选，有琳琅满目的文博图书可供阅读购买，有特色的美食饮料可供品尝享用，满足不同层次人员的需要。

文创商店（图4-40）让观众触摸到、品尝到和感受到地道的广西特色，将博物馆的"广西礼物"带回家。我们将博物馆文创产品分为六个主题内容进行展售，充分展现了广西12个世居民族共同创造出的多姿多彩的红色文化、历史文化、海丝文化、山水文化、民族文化、非遗文化；并打造六个专题文创橱窗，选取特色系列化产品展现博物馆文化创意之美。文创商店还设置书吧及美食品鉴区。书吧展售以文博图书为主，文化创意类、广西出版的图书为辅。此区域兼顾阅读、沙龙、新书发布等多功能服务。为了更好地服务观众，我们跨界与Soulfa柠檬茶合作，提供饮品、轻食等，满足观众品味广西的需求。

2.线上线下融合、馆内馆外结合

我们积极"走出去"，还探索"互联网＋"模式，开设淘宝店、微店，运用网店、微信、微博等新媒体形式，以及"直播带货"等方式进行线上销售，吸引众多消费者。

其一，拍摄文创产品宣传短片，提高知名度、参与度和影响力。我们联合企业拍摄龙凤呈祥坭兴陶快客杯宣传短片，通过各种视频平台和社交媒体快速传播，从而增强产品的曝光率。

其二，参加乡村振兴公益云集市直播活动，满足大众体验感和增加用户黏性。2022年5月28—29日，我们积极参与"青春心向党　代言壮美广西——区直青年助力服务工业振兴、乡村振兴公益市集"专题活动，精选具有广西特色的铜鼓等九

图4-40 · 广西壮族自治区博物馆文创商店

个系列百余款文创精品助力线下市集和线上直播平台。线上线下形成强力联动，尤其是互联网和电商平台的加持，让消费者在网上就能够下单购买博物馆的文创产品，打通文创产品的销售渠道，提升产品的宣传效果。

其三，文创产品参加中国－东盟博览会、深圳文博会等展会，将博物馆的品牌和文化价值扩大到更广泛的范围。让全国及东盟各国的友人感受广西文创之美，增强对广西历史文化的认同感，拓展销售渠道、提高产品销售量。

四、观众反馈

观众是博物馆的服务对象。了解观众概况，熟悉观众行为，为观众服务，满足观众需求，是博物馆的根本宗旨。广西博物馆开馆引发的社会热度不仅带来了许多首次参观的观众，二次及以上参观博物馆的观众也不在少数。他们的参与既出于对博物馆一如既往的支持，也因为对改扩建后的博物馆新面貌抱有期待。面对新开馆带来的巨大观众流量与多样观众面貌，我们积极开展调查，了解观众结构特点、参观目的、参观方式、实际需求，以及观众对博物馆展览及相关配套服务的评价，为博物馆今后的运营管理提供有力的决策依据。

根据问卷调查及访谈，我们获取了大量观众反馈，现将主要内容综述如下。

（一）"广西古代文明陈列"观众评价及建议

总体而言，展览的社会评价极高，广受观众好评与喜爱。观众认可了展览的综合表现，表示通过展览能够学习广西的历史文化知识，欣赏丰富精美的文物，参与多维度的互动项目，沉浸式观展体验良好，从而能够更充分地了解广西古代文明发展历程，有效树立了对家乡广西的地方文化自信。有不少热情观众更为展览提供了宝贵的参考意见与建议，从多个角度助力展览的进一步提升与优化，在充分肯定展览现有表现的同时，也对展览提出了更多的期待。

1.展览内容：讲述文物故事，呈现地方特色

（1）展品选择

展览展品根据叙事内容精选，以出土文物为主，其中80%为首次与观众见面。不少观众感叹第一次看到广西博物馆的文物种类和数量之丰，能够直观地感受到广西的历史文化发展的灿烂辉煌，深受鼓舞。观众对文物的极高兴趣也带来了对展品更高的欣赏需求。有不少观众反映，希望能够适时地调整、更换、增加展示文物。

（2）叙述内容

展览首次将广西自史前至明清的历史以时间线索完整叙述，叙事内容体量大，涉及文物呈现的内容更是瀚如烟海。观众反映观展仿佛享受一场关于广西历史知识的盛宴，需要充足的时间去观看与消化。也因时间跨度较大、叙述内容较多，有观众建议各部分内容中可适当增加强调时间点，便于观众建立时间概念，更好地理解展览内容。

（3）展示方式

展览环境氛围塑造在不影响观众正常观展的基础上，紧扣展示主题与内容。

但也有观众反映现场光线较暗，可根据文物的保护与展示效果需求适当调整灯光照度，保证观看清晰度的同时凸显器物特质；适当调整灯光角度，满足阅读文物说明与观看文物的需求。

2.观众服务：丰富互动，加强讲解

"广西古代文明陈列"提供的观众服务主要包括展览的讲解和依托展览的互动项目，同时，展厅内有工作人员日常巡视与维护展览运行。观众主要就讲解导览、互动项目、展厅管理三方面的进一步提升建言献策。

（1）互动项目

展览中设置的互动项目众多，互动方式丰富，既具备历史知识普及与补充展示的功能，又能够让观众从视、听、触觉等多方面调动感官，增加展的体验感，受到他们的喜爱。真武阁的榫卯积木是被提及最多的互动项目之一，观众希望能够增加可组装的积木种类并开发文创，将展览体验带回家。铜鼓作为展览的代表性文物也备受关注，观众希望加入更多与铜鼓有关的互动项目，如铜鼓音效展示、铜鼓形象集章等。

（2）讲解导览

展览的人工讲解内容与服务得到观众一致好评，不少观众表示通过讲解更加了解了展览内容与文物，明晰了广西古代文明的发展历程与地方特色。作为博物馆内体量最大的基本陈列，"广西古代文明陈列"的内容与文物极为丰富，使得观众对其的人工讲解需求也更加突出，他们希望能够进一步加强讲解服务，增加更多的专职与志愿讲解员，以获得深入浅出的良好观展体验。

同时有观众提出，线上导览可根据展厅内的文物分布位置优化，配以标识清晰的地图与语音讲解，这样就能兼具导览与解说功能。

（3）展厅管理

观众充分认可与感谢展览工作人员的工作成果与服务态度，认为工作人员在维护展厅环境与观展氛围上工作到位，肯定了良好的观展体验。展览作为公共空间，观众的参观行为容易相互影响，因此有观众建议可通过摆放提示标语、工作人员提示等方式，委婉提醒文明观展、爱护展厅设施。周末节假日较工作日人流量大，展厅内相对嘈杂，工作人员可适当提醒家长做好儿童教育，倡导文明参观。

3.宣传推广：加大力度，细化服务

观众对展览的高度评价衍生出对展览宣传推广的高度支持，有观众提出应加大宣传力度，让更多人能够获得博物馆的文化服务并自发加入。其中，抖音、快手、B站、小红书等各类新媒体平台以其传播渠道丰富、信息覆盖面广等优势成为观众推荐使用的主要宣传渠道。观众建议可通过定期直播、推送展览相关的知识类视频、开放与线上账号的互动、多渠道联动宣传等方式提升知名度。

4.观众留言精选

在馆内的留言簿和各大社交媒体平台上，观众们写下了对"广西古代文明陈列"的感受（图4-41至图4-46）。观众的喜爱是我们不懈前行、优化展览与博物馆公众服务的动力。

（1）让人耳目一新的"广西古代文明陈列"

有人说广西文化太贫瘠，但若细细考究，总有底蕴于此。有人说区博无聊，但这个"广西古代文明陈列"让我觉得惊喜，从投影到各个阶段展示，看到用心。祝广西越来越好，我爱家乡。（2023-02-24）

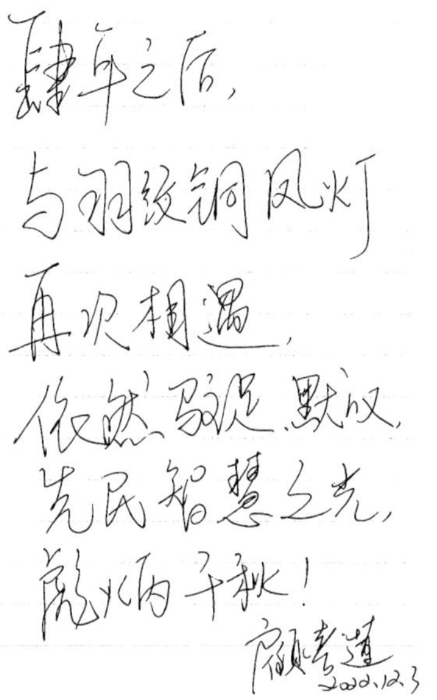

肆年之后，
与羽纹铜凤灯
再次相遇，
依然驻足、默叹，
先民智慧之光，
薪火两千秋！
顾善道
2022.12.3

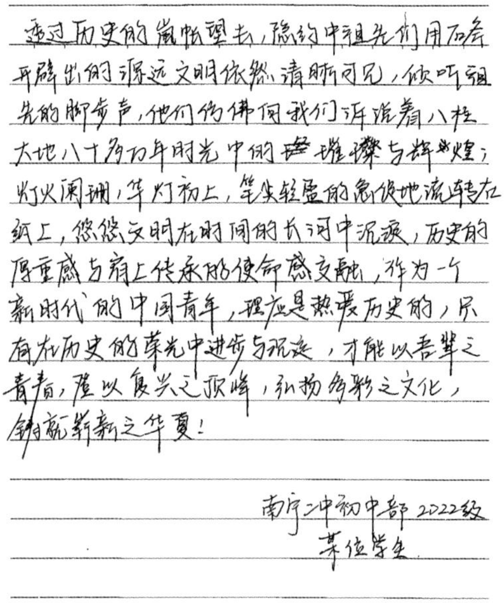

透过历史的尘帆望去，隐约中祖先们用石器开辟出的源远文明依然清晰可见，倾听祖先的脚步声，他们仿佛同我们诉说着八桂大地八十多万年时光中的璀璨与辉煌；灯火阑珊，华灯初上，笔尖轻盈的舞动地流转在纸上，悠悠文明在时间的长河中流淌，历史的厚重感与肩上传承的使命感交融，作为一个新时代的中国青年，理应是热爱历史的，只有在历史的荣光中进步与沉淀，才能以吾辈之青春，屹以复兴之巅峰，弘扬多彩之文化，铺就崭新之华夏！
南宁二中初中部 2022级
某位学生

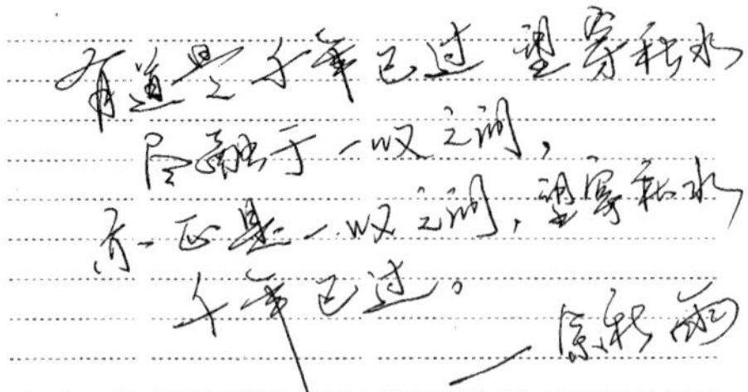

有道是千年已过，望穿秋水，
尽融于一叹之间，
不，应是一叹之间，望穿秋水，
千年已过。
——愿你安

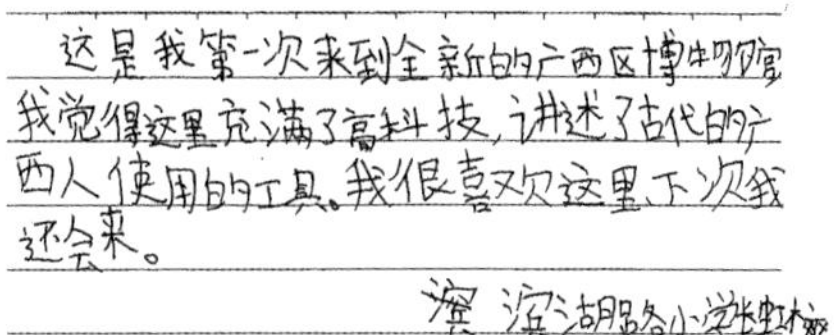

这是我第一次来到全新的广西区博物馆，
我觉得这里充满了高科技，讲述了古代的广
西人使用的工具。我很喜欢这里下次我
还会来。
滨湖路小学虹桥校区
三(3)班 陈敏
2022.12.4

图4-41　留言簿上的观众评论（1）（上左）
图4-42　留言簿上的观众评论（2）（上右）
图4-43　留言簿上的观众评论（3）（下左）
图4-44　留言簿上的观众评论（4）（下右）

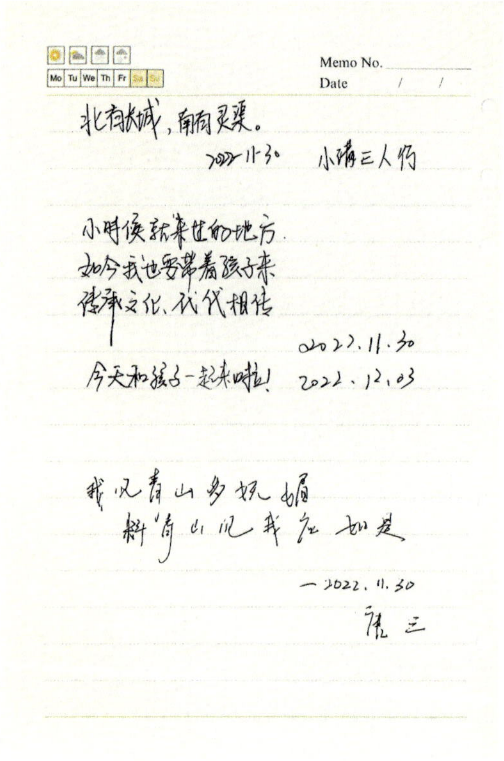

北有长城,南有灵渠.

2022·11·30   小靖三人仿

小时候新奉也的地方
如今我也带着孩子来
传承文化、代代相传

今天和孩子一起来啦!

2022·11·30
2022·12·03

我见青山多妩媚
料青山见我应如是

一2022·11·30

陆三

看到好多古时候的萌物♡

知古鉴今了

我像小时候的梨地鱼塘上建的博物馆我
很多年没来了,重温旧梦的感觉,再看广西文物
真高兴!博物馆承载历史印记!希望让更多人了解广西

韦星颖女士
2022年11月29日

图4-45　留言簿上的观众评论（5）（左）
图4-46　留言簿上的观众评论（6）（右）

第一次来，大受震撼耳！吾今日才知广西文明之博大精深，此去长识！不来惜乎！

我来自孟加拉国，我知道中国古代的手工艺品。能够在这个博物馆看到是一次令人惊叹的经历。——阿尔曼（2023-05-31）

（2）美好、舒适、有所收获的观展体验

宣传讲解视频做得很不错，尤其是动画讲解，令小朋友收获良多，对历史产生了浓厚兴趣。希望博物馆越来越好！（2023-01-05）

布展精致，介绍翔实，制图有心，考据得当。

很不错的观看体验，畅游于历史江河，方觉千古悠悠，更感今时可贵，展望来日方长。（2023-03-09）

（3）从中感受悠久灿烂的广西历史文明

看到咱们大广西也有像样的博物馆了，很开心。虽然藏品没有国博、陕博的多，但是也可以感受到广西的历史文化，时光流逝，文明长存。（2022-11-29）

每到一个城市，总喜欢逛博物馆，了解一个地方的风土文化、古人智慧，今天可以了解我们的灵渠，明白它的伟大创造，启发了我对广西深入的思考，希望将来可以走走，看看咱们美丽的广西。（2022-11-30）

（4）找到自己的"根"，树立文化自信、自强

博物馆是十分神奇的，尤其是广西壮族自治区博物馆。这么多博物馆中，这里让我知道自己的"根"在哪，它怎么长成，未来如何让它壮大成长。期待广西发展更好！祖国繁荣昌盛！（2022-11-30）

今日的博物馆游看到了很多孩子，感触良多，让孩子感受民族文化的氛围和厚重的历史氛围，绝对是一件十分有意义的事。我从小学习民族舞，在心中埋下了民族自豪的种子，如今到了外省的大世界，仍对民族文化和自豪有强烈认同，永远记得铜鼓、壮锦、绣球等，在我童年留下的浓墨重彩。（2023-02-02）

来广西已近20年，第一次走进博物馆，震撼、震撼、震撼，来自心灵深处的震撼！站在文物的对面，脑海中自动浮现古人执古物、抒笔畅怀的场景，如身临其境般，观历史，欲落泪。感谢默默无闻的考古专家们的用心、奉献，感谢历史先贤们的文化传承。以古为镜，以史为鉴，让文化永流传，期待成为博物馆志愿者。（2023-06-06）

（5）铸牢中华民族共同体意识

时光匆匆，万年的发展在今朝看来不过一瞬，或许在未来，我们的如今也如此般。人之智慧更是令人无限感叹，一路走来，馆藏的物品的精致程度，令人咋舌，广西的历史更折射出中华之历史、中华之古今。——河南洛阳游客（2023-09-14）

　　从丰富的文物中看到了灿烂的历史长河，广西是中华民族多元一体家庭中的一员，从先秦时期就与中原交往、交流，在漫长的历史中交融，多元、开放、包容、团结，让我们越来越好！（2023-09-25）

（二）"合浦启航——广西汉代海上丝绸之路"观众评价及建议综述

　　总体而言，展览的社会评价良好，广受观众好评与喜爱，多数观众从了解海上丝绸之路发展、领略文物之美、树立广西的地方文化自信三大方面充分肯定了展览的综合表现。同时，亦有热心观众为展览提供了宝贵的参考意见与建议，这些建议有助于展览的进一步提升与优化，从而为观众提供更好的文化服务。

1.展览内容：依托文物表达，讲好海丝故事

　　（1）展品选择

　　"合浦启航"的展品特色鲜明，异域风情浓厚，观众留言中表达了对文物的赞叹与喜爱，表示通过文物及复原场景更加直观地感受到汉代海上丝绸之路的繁荣，体验感很好。观众对文物的极高兴趣也推动了对展品更高的欣赏需求。留言中提到，应进一步发掘与海上丝绸之路关联性更强、数量更丰富、造型更精美的文物，并充分结合展览内容组合文物，根据展示需求优中选精，适时地调整、更换、增加展示文物。这也能够更好地合理利用与保护文物，丰富展示对象，提升观众观展体验感。

　　（2）叙述内容

　　作为国内首个以海上丝绸之路为主题的常设展览，"合浦启航"的叙述主体明确，叙事思路流畅。观众反映观展后能够更全面清晰地了解以合浦为起点的广西汉代海

上丝绸之路的发展历程、贸易与文化交流盛况，感受到汉代广西的繁荣与历史悠久。展览的优秀叙事调动了观众的主动学习意愿，观众也更聚焦于从文物的文字说明中获取直观知识。不少观众提出希望为文物说明中的生僻字标注拼音，并增加图片展示与文字阐述，进一步丰富文物的用途、出土背景、相关历史文化知识等介绍。

（3）展示方式

海上丝绸之路作为"合浦启航"的主要阐释对象，展览环境氛围与文物展示方式均以之为设计中心，给观众带来身临其境的沉浸式体验。为保证观展体验的完整性，观众建议可在入口处摆放展览海报，标识展览出入口，在展厅地面明确参观动线，以便他们更好地理解展览的叙事逻辑。在保护文物的前提下，观众提醒我们根据文物的自身特点，调整灯光的角度、亮度，有针对性地呈现文物的细节与亮点，对胡人俑灯、熏炉等独立展柜中的文物更需重视这一点。

2.观众服务：更多的互动，更好的环境

（1）讲解导览

观众基本肯定了"合浦启航"的讲解内容与服务，表示通过讲解更加了解了展览内容与文物，领略了汉代海上丝绸之路的灿烂辉煌。但也有观众提出讲解内容较为简略，希望能够依托文物研究基础，进一步丰富内容，生动阐述更多的文物的背景故事与文化内涵。针对自助讲解服务器，观众提到可以提供具有可讲解文物位置标识的展厅地图，以便他们自主游览与针对个人喜好进行选择。考虑到可行性，他们推荐使用微信小程序、二维码等更为便利的方式配合实现。

（2）互动项目

"合浦启航"中设置的互动项目众多，备受观众喜爱。展览独有的集章互动具备展览留念、自由创作、可保留等优点，不少观众对此表现出极高的热情与偏

好，希望能够增加印章数量、标明盖印方向，适当提供卡纸、手册等可带离的集章道具等。

（3）展厅管理

"合浦启航"展厅内工作人员认真、热情、细致的服务态度得到观众一致认可，在维护展厅环境与观展氛围上工作到位。就提升展览体验而言，观众建议工作人员可妥善提醒观众文明观展、爱护互动项目，适当提醒家长做好儿童教育，保证公共环境舒适。

3.观众留言精选

在馆内的留言簿和各大社交媒体平台上，观众们也写下了对"合浦启航"的感受（图4-47、图4-48）。

（1）了解汉代海上丝绸之路

此展厅又加深了我对合浦历史文化的了解，更加体会到了我们大合浦历史的发展是如此之长，文化底蕴是如此之厚，以史为鉴，方知兴替，历史是文明的记录，有了这些文物的存在，我们才能知道历史的发展，这个展厅也让我对合浦更具浓厚兴趣。印章超级棒，是一份非常好的留念。（2023-07-12）

有幸领略中国古代汉代的丝绸之路，这里展现的不仅是一系列从外而进的奇珍异宝，同时体现了当时古代统治者的强大和独特的王朝气略，我们后人所看到的文物是属于那个光辉时代的印记和荣誉，为之自豪。

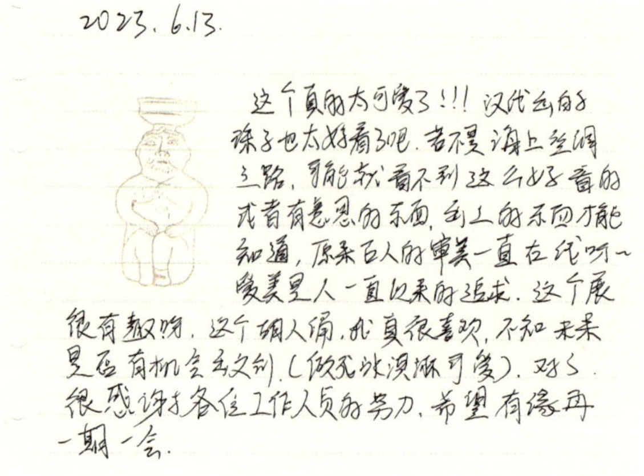

2023.6.13.

这个页面太可爱了!!! 汉代云山的珠子也太好看了吧. 若是海上丝绸之路, 可能就看不到这么多好看的或者有意思的东西, 日上的东西都能知道, 原来古人的审美一直在线呀~ 爱美是人一直以来的追求. 这个展很有趣吗. 这个铜人俑, 我真很喜欢, 不知未来是否有机会多买一份. (欣欣冰淇淋可爱). 哈~ 很感谢各位工作人员的努力, 希望有缘再一期一会.

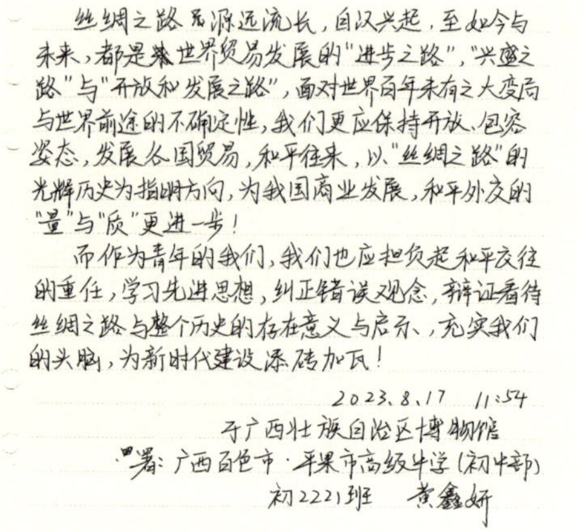

丝绸之路起源远流长, 自以兴起, 至如今与未来, 都是其世界贸易发展的"进步之路" "兴盛之路"与"开放和发展之路", 面对世界百年未有之大变局与世界前途的不确定性, 我们更应保持开放, 包容姿态, 发展各国贸易, 和平往来, 以"丝绸之路"的光辉历史为指明方向, 为我国商业发展, 和平外交的"量"与"质"更进一步!
而作为青年的我们, 我们也应担负起和平交往的重任, 学习先进思想, 纠正错误观念, 辩证看待丝绸之路与整个历史的存在意义与启示, 充实我们的头脑, 为新时代建设添砖加瓦!

2023.8.17 11:54
于广西壮族自治区博物馆
四署: 广西百色市·平果市高级中学 (初中部)
初2221班 黄鑫妍

图4-47　留言簿上的观众评论（1）（左）
图4-48　留言簿上的观众评论（2）（右）

（2）领略文物之美

感慨颇多，深谢为文物历史辛苦之人。愿有更多文物被保留，被发现，被时代铭记。（2023-05-16）

年代久远，仍然可见这些物品熠熠生辉！文物不会说话却承载着许多不为人知的故事。（2023-06-16）

Very nice bronze items and glass beads, as well as that one lamp looks kinda wonky though.

（3）树立对广西的地方文化自信

广西历史源远流长，不至此不知广西文化之灿烂。

第一次来博物馆，看到了很多我不知道的广西文化、民俗风情，觉得非常的喜悦，也见证了广西旅游事业的发展，愿广西的发展越来越好，期待下次的见面。（2023-02-09）

祝愿广西的明天更灿烂！厚重的历史，开放的时代，必将迎来前所未有的大发展格局！（2023-07-18）

历史造就了我们，我们也将造就更加辉煌的历史。（2023-08-02）

八桂重地，古今交替，优质启航。

（4）良好的观展体验

重游广西博物馆，再见很多"老朋友"，遇见更多"新朋友"。馆藏更丰富，展示更精彩。
博物致知，不虚此行，沉淀了一座城。（2023-06-06）

场馆建设十分壮观，且功能分区明显合理，以广西历史为主要展览故事线，结构清晰，光影效果与实物结合，相得益彰，给观众留下深刻印象，并能增加知识、拓宽视野，让广西民众的历史观、文化内驱力得到渐进式提升。

去过南京博物院、北京故宫博物院、陕西历史博物馆、山西考古博物馆等，来到广西壮族自治区博物馆依然觉得新奇有趣，岭南文化源流与中原真是不同，东南亚文明曾经的灿烂在馆藏古物的展示下依旧动人。广西壮族自治区博物馆的陈列方式也很细腻有趣，真是充满人文和温度的展览，希望越办越好，让更多人知道这个好地方！（2023-07-28）

注　释

〔1〕严建强，邵晨卉. 非物质文化遗产与博物馆——关于当代中国非物质文化与博物馆关系的若干思考. 中原文物, 2018 (3):123-128.

〔2〕潘杰. 展览艺术：展览学导论. 哈尔滨：黑龙江美术出版社, 1992:14-31.

八桂春秋

The Annals of Guangxi

结　语

砥砺奋进：谱写高质量发展新篇章

一、新馆基本陈列项目取得良好成效的原因

位于现址的广西壮族自治区博物馆建于 1978 年，原有展厅面积仅 4000 多平方米，场馆过小，已无法满足时代发展的需要。通过升级改造扩大展厅规模、举办高水平的各类展览成了社会公众和全馆员工的共同愿望。在上级领导部门的大力支持下，从 2010 年起，广西博物馆开始酝酿改扩建工程。本着展陈体系规划先行的思路，我们首先谋划实施"广西古代文明陈列"和"合浦启航——广西汉代海上丝绸之路"。"广西古代文明陈列"以历史为视角，展示广西古代文明的演变进程，"合浦启航——广西汉代海上丝绸之路"是前者的深化与拓展，讲述广西在古代海上丝绸之路中的独特地位，两者共同构成了广西古代历史陈列的主要内容。

指导思想和站位高度是评价陈列展览的首要尺度。进入新时代以来，党和国家高度重视文化事业建设。习近平总书记指出："一个博物院就是一所大学校。要把凝结着中华民族传统文化的文物保护好、管理好，同时加强研究和利用，让历史说话，让文物说话，在传承祖先的成就和光荣、增强民族自尊和自信的同时，谨记历史的挫折和教训，以少走弯路、更好前进。"[1] 习近平总书记的重要讲话精神成为举办广西古代历史陈列的指导思想和行动指南。那么，如何领会和贯彻这个指导思想？首先，要从中华民族历史文化的全局和高度来看待广西的历史文化，同时也要体现地处边疆少数民族地区的广西，其地域性历史文化在中华民族历史长河中的地位，以及对中国多民族国家形成过程所起的作用与贡献。其次，基于这样的思想认识，"特点鲜明、和而不同"的广西古代文明历史，其陈列展览所呈现的主题思想必须"顺应中华民族从历史走向未来、从传统走向现代、从多元凝聚为一体的发展大趋势，深刻理解把握中华文明的

突出特性，在新的历史起点上不断构筑中华民族共有精神家园，为铸牢中华民族共同体意识奠定坚实的精神和文化基础"[2]。展览正是在此指导思想统领之下组织实施的。

充分消化和吸收利用中华文明探源工程及海上丝绸之路文化最新考古发现和学术研究成果，是广西博物馆实施广西古代历史陈列的一大特点。这些研究成果紧扣时代主题，具有鲜明的时代特征，使展览的学术支撑更为坚实。文物展品来源真实、广泛，符合展览主题，构筑了一个完整的展览内容体系。为此，展览团队大量阅读消化文献资料，深入各个相关考古发掘现场，掌握最新的学术动态和考古成果，将之消化利用，并具体转化呈现在展览内容当中。

摸清家底，立足馆藏，为展览内容设计提供展品依据。早在酝酿策划阶段，展览团队认真核查数据，对馆藏文物再行分类统计，为展览的设计实施打下了很好的基础。

多方咨询、反复推敲、严格论证，贯穿了"广西古代文明陈列"从策划到实施的每个环节。十几年来，为了完善展览策划案、展览提纲和展览内容设计方案，我们先后举行了 20 多次会议，邀请了来自国内高等院校、科研院所、博物馆、方志办等单位近百位专家学者参加咨询、论证和评审，认真研究他们的意见建议，可谓积集百家之议，合成主流之论，精心打磨成稿。对某些尚不明确价值的文物展品，多次邀请文物鉴定专家进行重新鉴定。

展览形式切合主题思想，体现了内容设计者的意图，同时也兼顾了不同受众的需求，使展览的学术性、普及性、趣味性、互动性得到了较好的结合。展览贴合实际，使用了一些新科技、新材料，在文物保护、观展环境、观展效果上，都得到了观众的广泛好评。展览内容创作人员全程参与形式设计和施工，使展览形式始终在主题思想规定的方向上实施。

二、展陈高质量发展的目标及规划

广西博物馆改扩建工程于 2022 年 11 月竣工并重新开放至今，受到了社会的高度关注，引发了公众的参观热潮。我们带着改扩建工程初见成效的喜悦，又投入了改扩建二期工程的筹备工作中。按照改扩建二期工程的初步规划，未来将增加 6000—8000 平方米的展厅面积。如何使现有展览常设常新，保持公众的新鲜感和好感度，如何利用好这些新增展陈区域，策划实施高质量的陈列展览，提高公共文化服务水平，实现新时代背景下博物馆的功能定位，是我们面对社会公众的必答之题，可以从以下几个方面努力。

首先，一如既往地以铸牢中华民族共同体意识为宗旨，不断学习、研究并消化吸收中华文明探源工程及海上丝绸之路文化最新考古发现和学术研究成果，打造具有广西特色、广西风格、广西气派的高水平展览，促进广西民族团结示范区建设，推动中华优秀传统文化创造性转化、创新性发展，增强文化自信，建设社会主义文化强国。加强馆际合作，发挥各自资源优势，实现联合办展，策划实施一批具有全国影响的展览项目。

其次，发挥广西沿边、沿海、面向东盟国家的地缘优势，加强与东盟国家之间的博物馆展览交流，打造中国与东盟国家的文化交流平台，为构建更加紧密的中国 – 东盟命运共同体做出应有的贡献。积极构建永久性的东盟国家文化展示场馆，制订合作办展计划，定期更新展陈内容。配合展览举办系列学术交流活动，开展文博业务合作。

最后，体现"以人为本"服务理念，切合实际策划实施各种专题展览，满足公众日益增长的文化需求，加强建设和展览相关的配套设施，提升公共服务水平，完善博物馆公共文化服务体系。

注　释

〔1〕中共中央文献研究室. 习近平关于社会主义文化建设论述摘编. 北京: 中央文献出版社, 2017:188.

〔2〕铸牢中华民族共同体意识　推进新时代党的民族工作高质量发展. 人民日报, 2023-10-29 (1).

后 记

  2023 年 5 月 18 日，广西壮族自治区博物馆新馆基本陈列荣获第 20 届（2022 年度）全国博物馆十大陈列展览精品特别奖。这是广西博物馆几十年来第一次获此殊荣，也是 2022 年 11 月 28 日新馆开放以来所获得的第一项大奖，全馆上下乃至全区人民都为此欢欣鼓舞、倍感自豪。

  本次申报的基本陈列由"广西古代文明陈列"和"合浦启航——广西汉代海上丝绸之路"构成，是新馆开放的两个重要陈列。两个陈列方案从酝酿、构思到定稿，历时十余载，饱含两届领导班子、内容主创团队及陈列项目工作专班中数十位同事的心血和智慧。广西博物馆老一辈陈列和研究专家，如蒋廷瑜馆长、黄启善馆长、吴伟峰馆长、郑超雄研究馆员等也多次指导内容编撰并提出诸多建议。在内容设计方案审读阶段，宋向光、谢光茂、杨清平、周长山、廖国一等学者对内容文本反复多次、逐字逐句审读、修改。在项目实施过程中，自治区各级领导和相关处室给予了大力支持和关怀，使项目得以顺利开展。在文物筹备过程中，区内 19 家文博兄弟单位借展了 155 件 / 套代表性文物展品，保障了陈列内容的完整性和丰富性。在形式设计阶段，北京雅虹博艺文化发展有限公司的团队与我们一同克服新冠疫情等种种困难，为展览的精心设计、落地实施付出了诸多努力。同时，本书得以出版，离不开中国博物馆协会的关怀和支持。

  在此一并谨表感谢！

  本书由广西博物馆韦江馆长、潘汁副馆长整体把关，韦江馆长负责编写引言，潘汁副馆长负责编写结语，沈文杰负责编写"策展之初的精心谋划"，黄秋雯负责编写"广西古代文明陈列"导览，韦玲负责编写"广西古代文明陈列"

内容设计解析，蓝武芳负责编写"广西古代文明陈列"形式设计解析，李世佳负责编写"合浦启航——广西汉代海上丝绸之路"导览及内容设计解析，严焕香负责编写"合浦启航——广西汉代海上丝绸之路"形式设计解析，唐可星负责编写"多元的博物馆体验"，黄璐、罗丹负责编写"面向全龄段观众服务"，邱莉负责编写"让历史和创意走进生活"，韦玲和曾旭负责编写"观众反馈"，韦玲负责全书统稿、编辑及后记的写作。本书所使用的照片由黄嵩和、张磊、李鑫、黄璐、邱莉等提供。感谢以上同志的辛勤付出和无私奉献！

　　书中内容为大家内心所感所想，是总结的终点，更是新的起点。我们将以此为契机，继续深入研究、勇于创新、与时俱进，在新时代博物馆展览展示及高质量发展上做出更深入的探索和努力，更加生动地讲好中国故事的广西篇章。